Descubra Juegos Gratis Online

Disponibles Aquí:

BestActivityBooks.com/FREEGAMES

5 CONSEJOS PARA EMPEZAR

1) CÓMO RESOLVER LAS SOPA DE LETRAS

Los rompecabezas tienen un formato clásico:

- Las palabras se ocultan sin espacios ni guiones,...
- Orientación: Las palabras pueden escribirse hacia delante, hacia atrás, hacia arriba, hacia abajo o en diagonal (pueden estar invertidas).
- Las palabras pueden superponerse o cruzarse.

2) APRENDIZAJE ACTIVO

Junto a cada palabra hay un espacio para anotar la traducción. Para fomentar un aprendizaje activo, un **DICCIONARIO** al final de esta edición te permitirá comprobar y ampliar tus conocimientos. Busca y anota las traducciones, encuéntralas en el puzzle y añádelas a tu vocabulario!

3) MARCAR LAS PALABRAS

Puedes inventar tu propio sistema de marcado. ¿Quizás ya usas uno? También puedes, por ejemplo, marcar las palabras difíciles de encontrar con una cruz, las que te gustan con una estrella, las nuevas con un triángulo, las raras con un diamante, etc.

4) ESTRUCTURAR EL APRENDIZAJE

Esta edición ofrece un **CUADERNO DE NOTAS** muy práctico al final del libro. En vacaciones, de viaje o en casa, podrás organizar fácilmente tus nuevos conocimientos sin necesidad de un segundo cuaderno!

5) ¿HABÉIS TERMINADO TODAS LAS PARRILLAS?

En las últimas páginas de este libro, en la sección **DESAFÍO FINAL**, encontrarás un juego gratis!

¡Rápido y sencillo! Echa un vistazo a nuestra colección de libros de actividades para tu próximo momento de diversión y aprendizaje, ¡a sólo un clic de distancia!

Encuentre su próximo reto en:

BestActivityBooks.com/MiProximoLibro

En sus marcas, listos, ¡Ya!

¿Sabías que hay unas 7.000 lenguas diferentes en el mundo? Las palabras son preciosas.

Nos encantan los idiomas y hemos trabajado duro para crear libros de la más alta calidad para tí. ¿Nuestros ingredientes?

Una selección de temas adecuados para el aprendizaje, tres buenas porciones de entretenimiento, y luego añadimos una cucharada de palabras difíciles y una pizca de palabras raras. Los servimos con cariño y máxima diversión para que puedas resolver los mejores juegos de palabras y te diviertas aprendiendo!

Tu opinión es esencial. Puedes participar activamente en el éxito de este libro dejándonos un comentario. Nos encantaría saber qué es lo que más le ha gustado de esta edición.

Aquí hay un enlace rápido a tu página de pedidos:

BestBooksActivity.com/Opiniones50

Gracias por tu ayuda y diviértete!

Todo el equipo

1 - Ajedrez

```
I  T  Y  D  K  C  O  N  C  O  R  S  O  Q
P  N  Q  S  T  R  A  T  E  G  I  A  G  S
U  Y  T  E  M  P  O  M  R  E  G  I  N  A
N  T  R  E  G  O  L  E  P  T  S  T  B  C
T  H  E  S  L  G  O  J  C  I  P  O  A  R
I  A  B  G  S  L  I  X  P  B  O  R  V  I
X  A  A  Z  C  D  I  O  B  B  B  N  V  F
P  A  S  S  I  V  O  G  C  I  T  E  E  I
H  Y  H  A  S  T  E  I  E  A  C  O  R  C
G  Z  D  T  U  J  Z  O  L  N  T  P  S  I
N  J  Z  L  Z  T  O  C  I  C  T  O  A  O
I  Y  G  N  Q  D  X  O  A  O  N  E  R  O
D  I  A  G  O  N  A  L  E  D  Q  L  I  E
P  E  R  I  M  P  A  R  A  R  E  I  O  C
```

PER IMPARARE   AVVERSARIO
BIANCO   PASSIVO
CAMPIONE   PUNTI
CONCORSO   REGOLE
DIAGONALE   REGINA
STRATEGIA   RE
INTELLIGENTE   SACRIFICIO
GIOCO   TEMPO
GIOCATORE   TORNEO
NERO

2 - Agua

```
U V A P O R E F I U M E E N
K M G F N S L Z I H I X V E
P G I U D U I I Q W E D A V
O E C D E H R X C Q U S P E
T Y A O I M O N S O N E O Z
A S N C U T G E B T A H R O
B E A C Q K À D H O C D A W
I R L I U J R R W U J L Z J
L Z E A L L U V I O N E I B
E L F U O I A L A G O Q O K
F O U R A G A N O C E A N O
I R R I G A Z I O N E L E R
G H I A C C I O K U A B O M
P I O G G I A C N U M I D O
```

CANALE
DOCCIA
EVAPORAZIONE
GEYSER
GELO
GHIACCIO
UMIDITÀ
URAGANO
UMIDO
ALLUVIONE

LAGO
PIOGGIA
MONSONE
NEVE
OCEANO
ONDE
POTABILE
IRRIGAZIONE
FIUME
VAPORE

3 - Granja #2

```
V E R D U R A L J S I A A B
T A E N B G G A L P J N N K
P G R A N O L T B K O A I Q
O N W M M U A T M Q S T M F
P E C O R A M E I A O R A H
T L I F O Y A Y C U I A L F
R L B F R U T T E T O S I I
A O O I R R I G A Z I O N E
T R O P P A S T O R E R F N
T Z X R B A L V E A R E R I
O O N A F Z E D F N U C U L
R Y H T W N U R Z N L F T E
E L Z O O R U D I O K U T D
A G R I C O L T O R E R A L
```

AGRICOLTORE
ANIMALI
ORZO
ALVEARE
CIBO
AGNELLO
FRUTTA
FIENILE
FRUTTETO
LATTE

LAMA
MAIS
PECORA
PASTORE
ANATRA
PRATO
IRRIGAZIONE
TRATTORE
GRANO
VERDURA

4 - Mueble

```
W  W  L  B  C  O  H  E  B  N  K  D  W  P
L  I  B  R  E  R  I  A  G  C  N  I  F  O
A  R  M  O  I  R  E  C  G  U  O  V  U  L
S  S  A  S  J  S  T  F  U  E  O  A  T  T
C  G  T  G  U  C  P  A  P  S  Y  N  O  R
R  S  E  D  I  A  A  E  P  O  C  O  N  O
I  O  R  D  L  F  N  A  C  P  T  I  N  N
V  X  A  J  A  F  C  W  U  C  E  G  N  A
A  Q  S  K  M  A  A  P  S  A  H  T  X  O
N  L  S  A  P  L  T  A  C  M  M  I  O  Q
I  E  O  E  A  I  O  S  I  A  S  B  O  R
A  T  E  N  D  E  Z  M  N  C  J  C  L  K
U  T  R  O  A  N  T  E  I  A  Q  P  J  S
H  O  U  T  U  B  Z  Q  P  G  E  I  J  W
```

TAPPETO	SPECCHIO
CUSCINO	LIBRERIA
ARMOIRE	SCAFFALI
PANCA	FUTON
LETTO	AMACA
CUSCINI	LAMPADA
MATERASSO	SEDIA
TENDE	POLTRONA
SCRIVANIA	DIVANO

5 - Pesca

```
R  S  L  S  P  I  A  G  G  I  A  P  A  E
O  C  E  A  N  O  W  L  N  B  R  E  T  S
A  C  Q  U  A  O  C  H  S  R  M  S  T  A
J  R  J  J  M  A  D  T  U  A  A  O  R  G
S  W  M  G  P  I  N  N  E  N  S  W  E  E
C  U  C  I  N  A  R  E  K  C  C  H  Z  R
F  G  S  W  K  L  Z  X  F  H  E  B  Z  A
I  G  A  T  C  A  C  I  B  I  L  A  A  Z
L  H  K  N  O  G  T  E  E  L  R  T  I
O  G  Q  U  C  O  L  P  S  N  A  C  U  O
K  S  T  A  G  I  O  N  E  T  Z  A  R  N
I  I  E  G  X  K  O  C  Z  H  O  A  A  E
F  I  U  M  E  N  N  C  A  H  E  S  C  A
F  K  O  G  B  K  N  O  D  Q  D  P  P  W
```

ACQUA	GANCIO
PINNE	LAGO
BARCA	MASCELLA
BRANCHIE	OCEANO
FILO	PAZIENZA
ESCA	PESO
CESTO	SPIAGGIA
CUCINARE	FIUME
ATTREZZATURA	STAGIONE
ESAGERAZIONE	

6 - Aviones

```
A S A C A R B U R A N T E A
D T L P A S S E G G E R O T
E O T C P R E L I C H E D M
S R I E I E I Z O O A E I O
I I T I R E H A M S L Q R S
G A U D X R L H L T T U E F
N G D R Z P A O H R E I Z E
M R I O B J B G N U Z P I R
O L N G T J L T G Z Z A O A
T I E E M U A Y P I A G N A
O P Q N X Z R Q K O O G E J
R N U O P A L L O N C I N O
E P I L O T A R N E Q O P Y
F P A V V E N T U R A Z W P
```

ARIA
ALTITUDINE
ALTEZZA
ATTERRAGGIO
ATMOSFERA
AVVENTURA
CIELO
CARBURANTE
COSTRUZIONE
DIREZIONE

DESIGN
PALLONCINO
ELICHE
IDROGENO
STORIA
MOTORE
PASSEGGERO
PILOTA
EQUIPAGGIO

7 - Tipos de Cabello

```
B  B  E  B  P  B  S  L  P  J  A  N  A  B
R  I  R  Y  G  Y  P  E  L  I  R  F  S  I
I  B  O  E  L  R  E  L  U  N  G  O  C  A
C  B  S  N  V  F  S  I  T  T  E  N  I  N
C  B  E  D  D  E  S  P  S  R  N  D  U  C
I  Z  C  G  Q  O  O  Q  J  E  T  U  T  O
O  F  G  W  R  L  R  D  W  C  O  L  T  R
W  A  Q  E  N  I  E  A  T  C  W  A  O  I
N  E  R  O  X  W  G  T  P  I  O  T  T  C
M  A  R  R  O  N  E  I  S  A  N  O  R  C
K  J  M  O  R  B  I  D  O  T  X  Q  E  I
M  A  S  O  T  T  I  L  E  O  W  M  C  O
E  H  P  G  Q  R  M  L  M  F  G  Y  C  L
C  A  L  V  O  L  U  C  I  D  O  R  E  I
```

BIANCO	ONDULATO
LUCIDO	ARGENTO
CALVO	RICCIO
BREVE	RICCIOLI
SOTTILE	BIONDO
GRIGIO	SANO
SPESSORE	ASCIUTTO
LUNGO	MORBIDO
MARRONE	INTRECCIATO
NERO	TRECCE

8 - Herramientas de Cocina

```
F  C  N  C  T  C  U  C  C  H  I  A  I  O
R  O  C  O  O  E  H  Q  S  P  K  R  Z  T
U  L  E  P  S  F  R  J  T  L  L  H  K  K
L  I  N  E  T  O  B  M  Q  A  P  E  P  B
L  N  Y  R  A  R  X  P  O  S  A  T  E  O
A  O  S  C  P  C  Z  Y  Q  M  Z  H  F  L
T  E  Y  H  A  H  Y  A  M  G  E  S  P  L
O  R  B  I  N  E  R  K  H  S  I  T  D  I
R  Y  F  O  E  T  I  G  J  Y  I  U  R  T
E  N  C  O  L  T  E  L  L  O  Q  F  R  O
J  U  O  G  R  A  T  T  U  G  I  A  P  R
X  S  C  B  I  N  S  P  A  T  O  L  A  E
E  P  F  R  I  G  O  R  I  F  E  R  O  D
J  K  U  C  D  D  F  O  R  B  I  C  I  G
```

FRULLATORE   FORNO
BOLLITORE   GRATTUGIA
COLINO   FRIGORIFERO
POSATE   COPERCHIO
CUCCHIAIO   FORCHETTA
COLTELLO   TERMOMETRO
SPATOLA   FORBICI
STUFA   TOSTAPANE

9 - Ciencia Ficción

```
F  R  E  A  L  I  S  T  I  C  O  K  M  F
I  A  I  L  L  U  S  I  O  N  E  A  O  W
M  F  N  S  C  E  N  A  R  I  O  E  N  J
M  U  P  T  C  I  N  E  M  A  M  Y  D  X
A  T  I  E  A  O  N  R  F  U  O  C  O  A
G  U  A  C  E  S  P  L  O  S  I  O  N  E
I  R  N  N  F  U  T  O  P  I  A  G  L  R
N  I  E  O  S  F  M  I  M  Y  G  A  I  O
A  S  T  L  F  J  E  A  C  P  Q  L  B  B
R  T  A  O  Y  P  B  Q  D  O  K  A  R  O
I  I  F  G  A  T  O  M  I  C  O  S  I  T
O  C  E  I  E  S  T  R  E  M  O  S  W  X
G  O  J  A  O  R  A  C  O  L  O  I  P  O
M  I  S  T  E  R  I  O  S  O  X  A  H  Z
```

ATOMICO	IMMAGINARIO
CINEMA	LIBRI
SCENARIO	MISTERIOSO
ESPLOSIONE	MONDO
ESTREMO	ORACOLO
FANTASTICO	PIANETA
FUOCO	REALISTICO
FUTURISTICO	ROBOT
GALASSIA	TECNOLOGIA
ILLUSIONE	UTOPIA

10 - Juguetes

```
D U E E P U Z Z L E C G G P
B A M B O L A X I U J S M R
B A R G I L L A B A U T O E
F A T X L L Q E R A S P H F
L E R T J V A R I R C A G E
G X G C E E Q E U T A L B R
T I A I A R U O H I C L D I
O C O B S N I G K G C A C T
P H P C L I L A D I H J A O
R L N I H C O C S A I Y M N
R O B O T I N J M N A T I P
B I C I C L E T T A F Q O S
N P G F T R E N O T A M N P
T T E M H B A P F O C S L X
```

SCACCHI

ARGILLA

ARTIGIANATO

AEREO

BARCA

BICICLETTA

PALLA

CAMION

AUTO

AQUILONE

PREFERITO

GIOCHI

LIBRI

BAMBOLA

VERNICI

ROBOT

PUZZLE

BATTERIA

TRENO

11 - Circo

```
J  S  G  G  C  C  M  X  F  M  Z  A  P  P
H  E  T  G  P  E  A  A  L  B  B  E  J  A
S  L  U  A  A  P  C  R  G  Z  M  Y  X  R
C  E  J  C  L  Z  L  O  A  I  B  F  M  A
I  F  D  R  L  R  O  T  S  M  A  O  R  T
M  A  G  O  O  M  W  R  O  T  E  N  D  A
M  N  M  B  N  U  N  U  I  I  U  L  U  W
I  T  N  A  C  S  E  C  N  G  F  M  L  P
A  E  I  T  I  I  W  C  Y  R  U  S  E  A
U  J  T  A  N  C  B  O  H  E  Z  T  O  I
N  G  M  G  I  A  N  I  M  A  L  I  N  N
G  I  O  C  O  L  I  E  R  E  B  X  E  U
P  B  I  N  T  R  A  T  T  E  N  E  R  E
S  P  E  T  T  A  T  O  R  E  Y  Y  G  U
```

ACROBATA	MAGIA
ANIMALI	MAGO
CARAMELLA	GIOCOLIERE
TENDA	SCIMMIA
PARATA	MUSICA
ELEFANTE	CLOWN
INTRATTENERE	TIGRE
SPETTATORE	COSTUME
PALLONCINI	TRUCCO
LEONE	

12 - Rellenar

```
C C P Y G I D B R R Q S V V
J A A P G A G U S O U C A A
B O R S A O C S A D C A S S
X N T T S L Z T U Z A T S C
I O N A E E V A S O R O O A
K I B S C L T I T K T L I P
N B Y C R U L T U B O A O H
N Q L A F B Q A O Q N C R T
B O T T I G L I A D E K X X
A A S P A C C H E T T O X Y
C G R C E S T O S G R M G M
I L E I X C J E H Z F L T S
N P V A L I G I A J O N Z J
O J J S S E C C H I O G P W
```

VASSOIO   CARTONE
VASCA   CESTO
BARILE   SECCHIO
BORSA   BACINO
TASCA   VASO
BOTTIGLIA   VALIGIA
SCATOLA   PACCHETTO
CASSETTO   BUSTA
CARTELLA   TUBO

13 - Granja #1

```
G  C  P  Y  B  U  K  C  A  P  R  A  W  A
Z  A  O  C  K  W  U  G  P  T  O  O  P  G
O  C  T  R  O  M  O  S  E  M  I  S  L  R
D  Q  I  T  V  P  M  U  J  T  Y  Q  M  I
E  U  E  S  O  O  Z  F  A  E  X  R  Z  C
C  A  V  A  L  L  O  R  E  C  I  N  T  O
E  Q  F  M  W  L  R  E  L  U  G  I  E  L
K  M  C  I  M  O  I  M  U  C  C  A  R  T
C  A  N  E  E  E  S  W  B  O  U  S  R  U
L  C  E  L  N  N  O  E  X  K  N  I  A  R
A  L  X  E  S  P  O  I  Z  K  X  N  O  A
V  I  T  E  L  L  O  D  D  K  B  O  W  N
C  A  M  P  O  W  I  B  A  T  A  H  B  N
F  E  R  T  I  L  I  Z  Z  A  N  T  E  R
```

APE	GATTO
AGRICOLTURA	FIENO
ACQUA	MIELE
RISO	CANE
ASINO	POLLO
CAVALLO	SEMI
CAPRA	VITELLO
CAMPO	TERRA
CORVO	MUCCA
FERTILIZZANTE	RECINTO

14 - Camping

```
N F M C A P P E L L O L M Y
A A F A V V E N T U R A O A
N L T L P B J L T E L N N M
I B Y U K P U U S B A T T A
M E W N R J A S B E G E A C
A R E A Q A B X S Q O R G A
L I I A T F Y G I O D N N E
I R Q A R W A T K J L A A H
X N L N X B C F J C S A I Q
I N S E T T O U C A B I N A
B P Q A M J R O A C Y J Q D
F C R D E H D C N C B S J J
M N E I A D A O O I H S M T
F O R E S T A P A A B A S Z
```

ANIMALI   AMACA
AVVENTURA   INSETTO
ALBERI   LAGO
FORESTA   LANTERNA
BUSSOLA   LUNA
CABINA   MAPPA
CANOA   MONTAGNA
CACCIA   NATURA
CORDA   CAPPELLO
FUOCO

15 - Fruta

```
N A B C D W T C A I M E L A
E D N A Z W D F R S I U A A
T A M A N G O F A Y A M M J
T E O M N A Z W N G L P P H
A I A W J A N F C K B A O I
R I C N Q Y S A I K I P N Q
I P H I Q K I B A C C A E O
N E X H L I M O N E O I U M
A R J T G I M A V O C A D O
E A N I U X E P E S C A F O
Z T X Z A N L G K Z A A X W
U B A D V H O I I X I P T O
V D T C A I N U W A Q Q G Y
A N R N O C E D I C O C C O
```

AVOCADO	MELA
ALBICOCCA	PESCA
BACCA	MELONE
CILIEGIA	ARANCIA
NOCE DI COCCO	NETTARINA
LAMPONE	PAPAIA
GUAVA	PERA
KIWI	ANANAS
LIMONE	BANANA
MANGO	UVA

16 - Geología

```
H C R I S T A L L I S Q Z D
C A V E R N A I W S T C U P
E P S E H P I E T R A O E L
Q R M T F F D G C J L N M G
A U O L A V A F J Z A T C W
Y M A S A L E F T W G I O G
B I G R I T A J N S M N R F
H N U X Z O Q T W Z I E A O
G E S G H O N D T P T N L S
E R T E X X G E O I I T L S
Y A R Q N A C I D O T E O I
S L A L T O P I A N O E U L
E I T T E R R E M O T O L E
R B O C A L C I O N L S B L
```

ACIDO	STALAGMITI
CALCIO	FOSSILE
STRATO	GEYSER
CAVERNA	LAVA
CONTINENTE	ALTOPIANO
CORALLO	MINERALI
CRISTALLI	PIETRA
QUARZO	SALE
EROSIONE	TERREMOTO
STALATTITE	

17 - Plantas

```
F  E  R  T  I  L  I  Z  Z  A  N  T  E  F
E  D  X  R  O  F  E  F  L  O  R  A  Z  I
P  E  T  A  L  O  R  R  F  J  R  H  I  O
L  S  D  D  T  R  B  T  D  B  J  H  P  R
E  F  Y  I  X  E  A  B  A  M  B  Ù  N  E
P  B  C  C  M  S  G  I  A  R  D  I  N  O
U  L  A  E  I  T  M  U  S  C  H  I  O  K
J  J  L  C  S  A  D  P  T  K  L  J  M  L
X  L  B  I  C  P  B  O  T  A  N  I  C  A
E  D  E  R  A  A  U  F  A  G  I  O  L  O
P  L  R  S  C  F  O  G  L  I  A  W  P  B
B  Z  O  F  T  F  O  G  L  I  A  M  E  O
W  B  W  L  U  T  C  S  A  I  Y  D  E  F
X  W  X  W  S  J  G  W  L  F  O  N  O  F
```

CESPUGLIO	FOGLIAME
ALBERO	FAGIOLO
BAMBÙ	EDERA
BACCA	ERBA
FORESTA	FOGLIA
BOTANICA	GIARDINO
CACTUS	MUSCHIO
FERTILIZZANTE	PETALO
FIORE	RADICE
FLORA	

18 - Suministros de Arte

```
X D L X K N Z Y K U D Z T C
A C T Q R B F S J C U G B B
F R D A L A O P X A C Q U A
B U G W V G K A K V X P P C
T L P I O O W Z C A R T A R
M C A I L B L Z L L V E S E
A L O H D L Z O S L E L T A
T I L L P I A L S E R E E T
I F I J L I D E E T N C L I
T G O M M A T G W T I A L V
E Z A C R I L I C O C M I I
A C Q U E R E L L I I E D T
S E D I A W Y C O L O R I À
I N C H I O S T R O Y A D F
```

OLIO
ACRILICO
ACQUERELLI
ACQUA
ARGILLA
GOMMA
CAVALLETTO
TELECAMERA
SPAZZOLE
COLORI

CREATIVITÀ
IDEE
MATITE
TAVOLO
CARTA
PASTELLI
COLLA
VERNICI
SEDIA
INCHIOSTRO

19 - Jardín

```
L L E F H A L H Q S M J Y G
I M X X Y M I F O X U D F O
S T A G N O P R A T O O C I
A M A C A O C U B Q E T L F
B G W B D D A T M F P E R O
L I T T R M J T C I O R E Z
P A N C A L B E R O R R C L
E R B A S X I T X R T A I C
T D M G T P Y O H E I Z N Q
Z I N A R L A Y C Z C Z T P
E N N R E C D L C L O A O O
O O X A L W H E A F T U B O
O I P G L E R B A C C E H H
L T Y E O C E S P U G L I O
```

CESPUGLIO	GIARDINO
ALBERO	ERBACCE
PANCA	TUBO
PRATO	PALA
STAGNO	PORTICO
FIORE	RASTRELLO
GARAGE	SUOLO
AMACA	TERRAZZA
ERBA	RECINTO
FRUTTETO	

20 - Países #2

```
O S U D A N M T K A F U C F
I R L A N D A I Y G G C S R
X O U N C Z S J W S I R I A
Y W G I A U S T R I A A J N
X X A M R G H X K M M I N C
J I N A P A K I S T A N N I
G A D R B Z R U S S I A E A
M I A C P H T G A Y C T R A
E G A A P O R T O G A L L O
S C R P E T I O P I A P X L
S O I E P Z A L B A N I A A
I L Y K C O L O U Z N Q O O
C Q Z H L I N L O R W G L S
O O X J J W A E F A G Z U Q
```

ALBANIA
AUSTRIA
DANIMARCA
ETIOPIA
FRANCIA
GRECIA
IRLANDA
GIAMAICA
GIAPPONE

LAOS
MESSICO
PAKISTAN
PORTOGALLO
RUSSIA
SIRIA
SUDAN
UCRAINA
UGANDA

21 - Tecnología

```
F  C  J  W  Z  S  G  H  T  S  I  W  Z  S
T  O  C  D  X  P  I  B  Z  H  S  E  Z  O
X  T  N  A  N  G  J  C  C  U  T  M  E  F
D  O  O  T  O  O  Y  S  U  B  C  L  B  T
D  I  G  I  T  A  L  E  T  R  M  B  Y  W
V  I  R  T  U  A  L  E  E  B  E  Y  T  A
C  U  R  S  O  R  E  B  L  L  S  Z  E  R
O  K  I  Y  S  S  F  R  E  O  S  S  Z  E
M  F  C  U  L  J  B  O  C  G  A  C  I  A
P  L  E  E  U  D  P  W  A  H  G  H  L  R
U  Z  R  F  Y  B  Q  S  M  J  G  E  F  Z
T  X  C  X  I  Q  X  E  E  N  I  R  F  F
E  W  A  P  D  L  J  R  R  I  O  M  R  Y
R  R  B  S  K  E  E  Y  A  I  J  O  O  R
```

FILE	RICERCA
BLOG	MESSAGGIO
BYTE	BROWSER
TELECAMERA	COMPUTER
CURSORE	SCHERMO
DATI	SICUREZZA
DIGITALE	SOFTWARE
FONT	VIRTUALE

22 - Números

```
U  S  Q  U  A  T  T  O  R  D  I  C  I  D
G  T  D  U  E  M  E  W  Z  E  R  O  S  I
D  R  H  I  A  I  C  G  F  S  P  K  E  C
I  E  S  Z  C  T  R  E  A  E  C  W  D  I
C  D  C  T  I  I  T  Z  E  T  S  J  I  A
I  I  H  I  G  U  A  R  R  T  U  P  C  N
O  C  X  E  M  I  Q  S  O  E  V  N  I  N
T  I  Y  Z  I  A  Y  T  S  O  E  O  K  O
T  D  I  E  C  I  L  S  Z  E  N  V  A  V
O  C  I  N  Q  U  E  E  I  B  T  E  D  E
T  H  Q  U  I  N  D  I  C  I  I  T  U  L
T  C  I  I  U  D  O  D  I  C  I  N  E  N
O  R  A  H  S  W  G  E  N  Q  N  Z  C  X
U  A  Y  P  Y  B  E  W  E  L  Q  T  U  A
```

QUATTORDICI	DODICI
ZERO	DUE
CINQUE	NOVE
QUATTRO	OTTO
DECIMALE	QUINDICI
DICIANNOVE	SEI
DICIOTTO	SETTE
SEDICI	TREDICI
DICIASSETTE	TRE
DIECI	VENTI

23 - Mitología

```
F  N  Z  Y  F  F  P  S  U  D  R  C  C  P
G  E  L  I  U  Z  B  C  H  I  F  R  O  Z
A  Q  C  X  L  W  W  D  Y  S  I  E  M  A
G  Z  I  H  M  O  C  W  B  A  G  A  P  R
X  C  Z  H  I  B  J  C  D  S  C  T  O  C
M  R  E  Z  N  X  H  J  C  T  M  U  R  H
L  E  G  G  E  N  D  A  U  R  O  R  T  E
P  A  R  A  D  I  S  O  L  O  R  A  A  T
T  Z  M  O  S  T  R  O  T  C  T  L  M  I
X  I  E  H  Y  T  F  U  U  J  A  E  E  P
F  O  R  Z  A  D  U  I  R  B  L  R  N  O
P  N  H  C  W  D  W  O  A  X  E  O  T  B
E  E  X  C  R  E  D  E  N  Z  E  E  O  G
G  E  L  O  S  I  A  E  A  O  G  X  F  G
```

ARCHETIPO	DISASTRO
GELOSIA	FORZA
PARADISO	EROE
COMPORTAMENTO	LEGGENDA
CREAZIONE	MOSTRO
CREDENZE	MORTALE
CREATURA	FULMINE
CULTURA	TUONO

24 - Ecología

```
C V F R P S N F G X Z G W I
N A N I Y A Q P U X N L R Q
K R A S D H L K P F L O R A
X I T O B A A U W Y K B H R
S E U R E B C D D L K A N G
P T R S E I B I C E S L Y L
C À A E Q T C V T T R E C R
O O L I S A Z E G D J U F O
M M E W P T U R N A T U R A
U C A R E J K S U F A U N A
N L F R C B S I C C I T À K
I I L P I A N T E I C U I R
T M P G E N N À K X Y K L L
À A A E C U O C G B H L Q B
```

CLIMA
COMUNITÀ
DIVERSITÀ
SPECIE
FAUNA
FLORA
GLOBALE
HABITAT

MARINO
NATURALE
NATURA
PALUDE
PIANTE
RISORSE
SICCITÀ
VARIETÀ

25 - Casa

```
R E C I N T O X G R M H G C
S P E C C H I O D A K A S W
B I B L I O T E C A R E I S
Z B I O U P A R E T E A X H
Q N L X L A T L I I I O G A
G U K R B V T A C O T W U E
T E T T O I I M C A M I N O
P T C C J M C P S Z O P D O
O A U D S E O A C A M E R A
R P C O Z N X D O G J B P Y
T P I C Q T B A P F K T L B
A E N C J O G I A R D I N O
D T A I S C A N T I N A T O
J O H A R U B I N E T T O G
```

TAPPETO
ATTICO
BIBLIOTECA
CAMINO
CUCINA
DOCCIA
SCOPA
SPECCHIO
GARAGE
RUBINETTO

CAMERA
GIARDINO
LAMPADA
PARETE
PAVIMENTO
PORTA
SCANTINATO
TETTO
RECINTO

26 - Artes Visuales

```
F K R F P Q O P L H Y C S G
I F O S O I U U C L Y E T E
L K C C A T T U Y C E R A S
M R A U R N O T R F X A M S
J I P L G P C G U Q O M P O
M T O T I E A X R R F I I A
A R L U L U V I F A A C N R
T A A R L U A E S R F A O T
I T V A A A L D R O W I X I
T T O R D Y L P E N N A A S
A O R K C G E F P U I Q X T
P R O S P E T T I V A C D A
T M C R E A T I V I T À E E
W J C O M P O S I Z I O N E
```

ARGILLA
ARTISTA
VERNICE
CAVALLETTO
CERA
CERAMICA
COMPOSIZIONE
CREATIVITÀ
SCULTURA
FOTOGRAFIA

MATITA
CAPOLAVORO
FILM
PROSPETTIVA
PITTURA
STAMPINO
PENNA
RITRATTO
GESSO

27 - Escuela #2

```
K  F  E  V  E  S  T  I  T  I  E  A  M  U
I  O  D  G  R  A  M  M  A  T  I  C  A  N
O  R  U  F  O  R  B  I  C  I  L  C  J  I
D  N  C  M  U  F  E  O  B  C  E  A  I  N
B  I  A  U  T  O  B  U  S  A  T  D  I  S
I  T  Z  A  I  N  O  D  G  R  T  E  M  E
B  U  I  I  J  T  D  W  I  T  E  M  A  G
L  R  O  L  O  E  R  M  O  A  R  I  T  N
I  E  N  I  E  N  W  D  C  G  A  C  I  A
O  C  E  B  E  T  A  D  H  R  T  O  T  N
T  M  Z  R  A  L  T  R  I  Z  U  Y  A  T
E  J  E  I  O  R  Y  U  I  J  R  Q  H  E
C  S  C  I  E  N  Z  A  R  O  A  H  S  C
A  S  H  C  A  L  E  N  D  A  R  I  O  K
```

ACCADEMICO	LETTURA
AUTOBUS	LIBRI
BIBLIOTECA	LETTERATURA
CALENDARIO	ZAINO
SCIENZA	CARTA
DIZIONARIO	INSEGNANTE
EDUCAZIONE	VESTITI
GRAMMATICA	FORNITURE
GIOCHI	FORBICI
MATITA	

28 - Selva Tropical

```
K X Q W M S N R Z B R K S N
Z I P C O M U N I T À J Q A
S P B L J Y V A N F I B I T
P S G I I T O I M M U A F U
E L Z M P A L F U A C G M R
C C K A Q R E C S M C I I A
I N D I G E N O C M E U Y O
E S M G F S J R H I L N M Y
R I S P E T T O I F L G E T
B N X H A A J C O E I L D B
Y Y M K T U P M F R K A G Q
P R E S E R V A Z I O N E N
F F O C D O B O T A N I C O
H F H B X I N S E T T I M F
```

ANFIBI
BOTANICO
CLIMA
COMUNITÀ
SPECIE
INDIGENO
INSETTI
MAMMIFERI
MUSCHIO

NATURA
NUVOLE
UCCELLI
PRESERVAZIONE
RIFUGIO
RISPETTO
RESTAURO
GIUNGLA

29 - Colores

```
Z  V  F  U  Z  F  J  T  C  F  K  C  F  G
R  I  U  X  R  M  D  O  X  T  L  R  Z  X
R  O  C  C  R  F  T  G  T  A  B  E  D  F
M  L  S  G  N  E  R  O  P  Z  E  M  O  U
M  A  I  A  C  F  O  Z  B  Z  I  I  W  B
I  A  A  L  J  L  S  P  A  U  G  S  O  S
I  N  G  S  X  N  S  B  S  R  E  I  C  C
I  D  D  E  C  A  O  V  E  R  D  E  U  B
I  E  T  A  N  S  W  U  P  O  T  D  R  D
B  L  U  O  C  T  O  Z  P  F  N  J  C  J
G  I  A  L  L  O  A  C  I  B  J  B  I  W
A  R  A  N  C  I  A  Q  A  Q  F  S  A  T
B  I  A  N  C  O  M  M  A  R  R  O  N  E
D  S  U  Z  T  P  H  G  R  I  G  I  O  P
```

GIALLO	MAGENTA
BLU	MARRONE
AZZURRO	ARANCIA
BEIGE	NERO
BIANCO	VIOLA
CREMISI	ROSSO
CIANO	ROSA
FUCSIA	SEPPIA
GRIGIO	VERDE
INDACO	

30 - Adjetivos #1

```
I N N O C E N T E E Q A A Y
L P R E Z I O S O C Y R T Z
G E N O R M E G J S Y O T Q
S R N A S S O L U T O M I A
C A A T O Z N U C S B A V T
U M G N O G E M D P P T O T
R Z O Y D N S I G E E I Z R
O O D K T E T N J R S C M A
M O D E R N O O G F A O Z E
B G E N E R O S O E N V W N
H Y E J D P B O H T T M E T
A M B I Z I O S O T E T D E
G I O V A N E R H O U H M E
I M P O R T A N T E M C B S
```

ASSOLUTO   IMPORTANTE
ATTIVO   INNOCENTE
AMBIZIOSO   GIOVANE
AROMATICO   LENTO
ATTRAENTE   MODERNO
LUMINOSO   SCURO
ENORME   PERFETTO
GENEROSO   PESANTE
GRANDE   GRAVE
ONESTO   PREZIOSO

31 - Familia

```
F  I  S  P  R  N  O  F  Z  C  U  N  M  M
R  N  C  M  A  D  R  E  I  U  G  H  M  A
A  F  W  A  N  N  K  R  A  G  U  S  Z  T
T  A  S  R  T  Y  I  R  M  I  L  P  F  E
E  N  L  I  E  R  M  P  N  N  H  I  B  R
L  Z  D  T  N  H  I  O  O  O  C  O  A  N
L  I  Q  O  A  E  N  F  G  T  O  Z  M  O
O  A  K  S  T  Z  O  U  K  L  E  E  B  S
F  E  Q  O  O  Y  N  Z  I  O  I  T  I  N
P  A  D  R  E  J  N  D  E  U  U  E  N  O
A  N  W  E  H  B  A  M  B  I  N  O  I  N
W  W  P  L  K  H  Z  P  L  X  A  S  S  N
O  I  U  L  T  P  S  Q  H  W  M  N  D  O
D  K  I  A  K  L  U  Q  X  F  J  D  X  G
```

NONNA	MARITO
NONNO	MATERNO
ANTENATO	NIPOTE
MOGLIE	BAMBINO
SORELLA	BAMBINI
FRATELLO	PADRE
FIGLIA	CUGINO
INFANZIA	ZIA
MADRE	ZIO

32 - Disciplinas Científicas

```
P  R  B  N  E  C  O  L  O  G  I  A  W  A
Y  F  S  O  C  I  O  L  O  G  I  A  Z  R
A  M  E  T  E  O  R  O  L  O  G  I  A  C
I  M  M  U  N  O  L  O  G  I  A  W  P  H
L  I  N  G  U  I  S  T  I  C  A  F  S  E
O  B  O  T  A  N  I  C  A  J  T  Z  I  O
B  I  O  C  H  I  M  I  C  A  Q  U  C  L
C  N  E  U  R  O  L  O  G  I  A  C  O  O
L  H  A  S  T  R  O  N  O  M  I  A  L  G
R  B  I  O  L  O  G  I  A  G  H  F  O  I
O  H  W  M  E  C  C  A  N  I  C  A  G  A
C  T  Q  C  I  E  G  E  O  L  O  G  I  A
A  P  R  E  K  C  D  G  L  M  I  P  A  X
I  U  A  X  C  P  A  N  A  T  O  M  I  A
```

ANATOMIA	IMMUNOLOGIA
ARCHEOLOGIA	LINGUISTICA
ASTRONOMIA	MECCANICA
BIOLOGIA	METEOROLOGIA
BIOCHIMICA	NEUROLOGIA
BOTANICA	PSICOLOGIA
ECOLOGIA	CHIMICA
GEOLOGIA	SOCIOLOGIA

33 - Gatos

```
D S Y V L A A X B P U F T Z
I E P E A E F R H R Y J O A
V L E L U F L Z T N S D P M
E V L O P J F P F I L O O P
R A L C J S G E Q K G Z F A
T G I E X O I R T Y N L B B
E G C U R I O S O T Y S I C
N I C Y B N C O X W U U H O
T O I T F Q O N U O L O K D
E P A Z Z O S A I W S Y S A
O O P B L Q O L Q J X Q Q O
Y C M C A C C I A T O R E U
D O R M I R E T T I M I D O
M K T D B A J À S D I U F A
```

AFFETTUOSO
CACCIATORE
CODA
CURIOSO
DORMIRE
ARTIGLIO
DIVERTENTE
FILO
GIOCOSO

PAZZO
ZAMPA
PERSONALITÀ
PELLICCIA
POCO
TOPO
VELOCE
SELVAGGIO
TIMIDO

34 - Cocina

```
T F D F G C O L T E L L I B
O O L T R C I B O Q Z Y G O
V R H C I I A O D E Y N R L
A C Z U C G G M T T L I I L
G H X C E T R O E O K C G I
L E Z C T S E Q R S L J L T
I T W H T P M N H I T A I O
O T K I A U B T B X F O A R
L E M A N G I A R E O E L E
O F Q I H N U Z Y C R H R O
B R O C C A L Z W F N R O O
H S P E Z I E E U E O A N R
D Y B B A C C H E T T E U Y
M P W C O N G E L A T O R E
```

BOLLITORE	FORNO
MANGIARE	BROCCA
CIBO	BACCHETTE
CONGELATORE	GRIGLIA
CUCCHIAI	RICETTA
MESTOLO	FRIGORIFERO
COLTELLI	TOVAGLIOLO
GREMBIULE	TAZZE
SPEZIE	CIOTOLA
SPUGNA	FORCHETTE

35 - Escuela #1

```
M  B  I  B  L  I  O  T  E  C  A  I  J  E
S  A  M  I  C  I  N  L  N  M  X  N  Q  S
L  E  R  I  S  P  O  S  T  E  Q  S  B  A
G  G  D  C  D  B  L  E  P  P  U  E  C  M
E  Z  A  I  A  N  U  M  E  R  I  G  A  I
U  M  M  K  A  T  F  A  N  A  Z  N  R  T
C  A  R  T  A  X  O  D  N  N  I  A  T  J
U  E  X  P  E  W  C  R  E  Z  H  N  E  P
A  L  F  A  B  E  T  O  I  O  W  T  L  P
M  A  T  I  T  A  Q  I  Z  L  F  E  L  Z
S  Z  J  E  Y  S  U  D  Y  I  H  I  E  X
U  N  O  O  G  K  B  L  I  B  T  L  G  Z
L  C  P  E  R  I  M  P  A  R  A  R  E  U
G  A  S  C  R  I  V  A  N  I  A  N  E  I
```

ALFABETO	MATITA
PRANZO	LIBRI
AMICI	MARCATORI
PER IMPARARE	NUMERI
AULA	CARTA
BIBLIOTECA	PENNE
CARTELLE	INSEGNANTE
SCRIVANIA	RISPOSTE
QUIZ	SEDIA
ESAMI	

36 - Adjetivos #2

```
E  M  I  T  S  M  S  N  U  O  V  O  N  C
M  L  K  D  Q  L  T  O  Y  N  E  G  A  C
Y  N  E  J  C  P  A  R  R  Y  F  K  T  D
C  I  Y  G  K  G  N  M  W  U  H  P  U  R
K  R  K  U  A  J  C  A  J  M  C  S  R  A
E  R  E  Y  F  N  O  L  P  M  S  I  A  M
S  H  Y  A  L  L  T  E  J  F  M  G  L  M
B  F  O  R  T  E  T  E  P  O  Z  S  E  A
E  R  A  K  P  I  C  C  A  N  T  E  U  T
S  E  H  M  L  U  V  S  A  L  A  T  O  I
A  S  L  P  O  E  D  O  S  Q  A  W  A  C
N  C  S  D  E  S  C  R  I  T  T  I  V  O
O  O  Q  O  R  G  O  G  L  I  O  S  O  O
R  E  S  P  O  N  S  A  B  I  L  E  J  J
```

STANCO   NATURALE
CREATIVO   NORMALE
DESCRITTIVO   NUOVO
DRAMMATICO   ORGOGLIOSO
ELEGANTE   PICCANTE
FAMOSO   RESPONSABILE
FRESCO   SALATO
FORTE   SANO

37 - Cuerpo Humano

```
P  P  U  G  U  A  T  S  P  F  F  A  R  B
S  P  A  L  L  A  U  A  Q  U  A  B  L  P
J  L  X  D  F  G  I  N  O  C  C  H  I  O
G  O  M  I  T  O  W  G  O  E  C  J  N  S
X  D  R  T  C  E  X  U  U  R  I  C  G  W
M  E  D  O  R  U  S  E  F  V  A  A  U  O
G  Z  F  G  M  M  O  T  P  E  N  V  A  O
P  C  M  F  N  A  J  R  A  L  S  I  H  R
B  L  G  E  Y  N  Q  O  E  L  J  G  P  E
F  Z  U  O  I  O  A  C  M  O  L  L  E  C
I  M  E  N  T  O  D  C  Y  N  Q  I  L  C
M  U  G  A  M  B  A  H  S  H  B  A  L  H
Y  Z  N  S  U  F  Q  I  M  I  O  L  E  I
K  E  C  O  L  L  O  O  B  O  C  C  A  O
```

MENTO
BOCCA
TESTA
FACCIA
CERVELLO
GOMITO
CUORE
COLLO
DITO
SPALLA

LINGUA
MANO
NASO
OCCHIO
ORECCHIO
PELLE
GAMBA
GINOCCHIO
SANGUE
CAVIGLIA

38 - Ciencia

```
T E N S Z D F F O S S I L E
K S A F L H A I O H U P Y O
E P T F C B I T S B C W H Q
Q E U A T O M O I I S M O C
M R R T D G U R L Y C Y D H
M I A T Z Y N E M K I A F Y
E M N O P A R T I C E L L E
T E M E P J B G N L N K S S
O N P B R F I H O I Z Z U Y
D T G U P A M O W M I F H H
O O K J Z W L C K A A A F Q
P I A N T E H I P O T E S I
L A B O R A T O R I O N E Y
K F X U M F M O L E C O L E
```

ATOMO   IPOTESI
SCIENZIATO   LABORATORIO
CLIMA   METODO
DATI   MINERALI
ESPERIMENTO   MOLECOLE
FISICA   NATURA
FOSSILE   PARTICELLE
FATTO   PIANTE

39 - Dinosaurios

```
B  D  D  R  P  P  V  L  P  J  O  W  P  D
T  D  K  A  O  R  I  Y  R  U  N  L  W  E
H  G  T  P  T  E  Z  H  E  K  N  X  L  R
S  C  Z  A  E  D  I  R  I  U  I  R  W  B
R  C  S  C  N  A  O  E  S  G  V  P  U  I
C  O  O  E  T  O  S  T  T  R  O  T  F  V
A  D  C  M  E  Y  O  T  O  X  R  F  O  O
R  A  P  R  P  T  X  I  R  O  O  Z  S  R
N  G  D  H  H  A  G  L  I  T  E  M  S  O
I  D  Y  H  B  L  R  E  C  E  N  A  I  W
V  T  A  G  L  I  A  S  O  R  O  M  L  N
O  G  R  T  K  G  N  A  A  R  R  M  I  X
R  W  F  O  M  S  D  G  R  A  M  U  X  B
O  L  E  N  S  P  E  C  I  E  E  T  N  F
```

ALI	ONNIVORO
CARNIVORO	POTENTE
CODA	PREISTORICO
SCOMPARSA	PREDA
ENORME	RAPACE
SPECIE	RETTILE
FOSSILI	TAGLIA
GRANDE	TERRA
ERBIVORO	VIZIOSO
MAMMUT	

40 - Restaurante #2

```
K D X O T D E L I Z I O S O
V S U B M C Q T J D L L P G
E O L T R X I K Q Q Q F E I
R P S A P E R I T I V O Z F
D C A M E R I E R E T R I R
U E L I B P R A N Z O C E U
R N E N N E O B Y J R H E T
E A Q E T S E D I A M E Y T
R O U S Y C A C Q U A T O A
H C Q T P E P L T B A T L Q
N A N R I U O V A H D A D C
G H I A C C I O R T O R T A
B E V A N D A H O K A X I P
C U C C H I A I O R E G M A
```

ACQUA
PRANZO
APERITIVO
BEVANDA
CAMERIERE
CENA
CUCCHIAIO
DELIZIOSO
INSALATA
SPEZIE

FRUTTA
GHIACCIO
UOVA
TORTA
PESCE
SALE
SEDIA
MINESTRA
FORCHETTA
VERDURE

41 - Profesiones #1

```
K  H  B  O  F  B  E  B  M  Q  P  W  G  A
U  B  Y  A  M  E  D  I  C  O  I  Y  E  L
L  I  T  W  L  Q  J  E  T  G  A  O  O  L
P  S  I  C  O  L  O  G  O  Z  N  X  L  E
I  P  O  M  P  I  E  R  E  R  I  R  O  N
A  D  I  C  T  L  C  R  D  D  S  B  G  A
H  T  R  M  U  S  I  C  I  S  T  A  O  T
J  K  L  A  D  O  L  Z  T  N  A  N  O  O
D  K  O  E  U  I  M  M  O  C  O  C  X  R
C  H  G  D  T  L  Z  B  R  O  W  H  G  E
Y  X  R  T  F  A  I  Y  E  P  S  I  R  G
F  E  Z  H  Z  P  Y  C  Z  L  A  E  N  U
A  V  V  O  C  A  T  O  O  M  E  R  P  A
I  N  F  E  R  M  I  E  R  A  L  E  C  H
```

AVVOCATO   INFERMIERA
ATLETA   ALLENATORE
BALLERINO   IDRAULICO
BANCHIERE   GEOLOGO
POMPIERE   MUSICISTA
MEDICO   PIANISTA
EDITORE   PSICOLOGO

42 - Vehículos

```
Q A M B U L A N Z A U T O M
C K R A I Y T M S L P W A E
L A M R F C S I O A O D E T
C Y R C A M I O N T B Q R R
Y D Z A Q T E C W T O P E O
X A Z O V C U M L P A R O P
J C Y M Q A Z B B E U M E O
T A X I L M N A V E T T A L
T R A G H E T T O G O T K I
E L I C O T T E R O B T A T
Z A T T E R A L R E U R C A
T R A T T O R E A G S E Y N
S O T T O M A R I N O N Q A
R A Z Z O W O Z M F H O M E
```

AMBULANZA	TRAGHETTO
AUTOBUS	ELICOTTERO
AEREO	NAVETTA
ZATTERA	METROPOLITANA
BARCA	MOTORE
BICICLETTA	SOTTOMARINO
CAMION	TAXI
CARAVAN	TRATTORE
AUTO	TRENO
RAZZO	

43 - Vacaciones #2

```
D N A T G A W R O C W D E T
E W E R B D Q I S O L A S E
S P R E T R A S P O R T O M
T Y O N X F E T A L A F H P
I V P O F H Y O F N T S I O
N I O U C D M R A E A A X L
A A R O M M V A C A N Z A I
Z G T F O T O N R L O X W B
I G O M I C I T U E G K R E
O I F A H O T E L N Z N M R
N O J P A S S A P O R T O O
E E M P I P N H X V I S T O
S T R A N I E R O I X K T M
S P I A G G I A T E N D A U
```

AEROPORTO   PASSAPORTO
TENDA   SPIAGGIA
DESTINAZIONE   RISTORANTE
STRANIERO   TAXI
FOTO   TRASPORTO
HOTEL   TRENO
ISOLA   VACANZA
MAPPA   VIAGGIO
MARE   VISTO
TEMPO LIBERO

44 - Cumpleaños

```
C A N Z O N E S F R M L R P
A C G C A N D E L E O Q K M
R E I Y F K A T E Q J Q R I
T L O A J G M G K D T P Z F
E E I P E R I M P A R A R E
S B O R T W C G W Y I G T L
P R S P E C I A L E C I O I
I A O A M G A E D K O O R C
N Z R Z P S A N F Y R R T E
V I U T O X E L N M D N A B
I O K Q I C J J O O I O J P
T N S T I T S A G G E Z Z A
I E Y H K C O G I O V A N E
C A L E N D A R I O I L E P
```

GIOIOSO
AMICI
ANNO
PER IMPARARE
CALENDARIO
CANZONE
CELEBRAZIONE
GIORNO
SPECIALE
FELICE

INVITI
GIOVANE
PARTITO
TORTA
RICORDI
REGALO
SAGGEZZA
CARTE
TEMPO
CANDELE

45 - Baile

```
C Y P E C U L T U R A R I W
U B O M O O M O L J M I S N
L T S O R P R X C E S T A G
T I T Z E G E P Q G P M L D
U G U I O G G I O L D O T S
R I R O G C O M P A G N O Y
A O A N R M O V I M E N T O
L I G E A A C C A D E M I A
E O R N F Z A D W K Q U V I
Y S A H I N P R J I O S I H
Q O Z E A C W R T J U I S G
F D I O S Y L N O E Y C I E
C L A S S I C O A V M A V H
E S P R E S S I V O A Z O H
```

ACCADEMIA
GIOIOSO
ARTE
CLASSICO
COREOGRAFIA
CORPO
CULTURA
CULTURALE
EMOZIONE
PROVA

ESPRESSIVO
GRAZIA
MOVIMENTO
MUSICA
POSTURA
RITMO
SALTO
COMPAGNO
VISIVO

46 - Matemáticas

```
O  C  Y  Q  R  A  N  G  O  L  I  A  V  P
I  G  Y  T  U  E  F  A  M  Z  M  T  O  A
M  C  O  X  J  A  T  I  E  R  P  R  L  R
R  A  G  G  I  O  D  T  L  F  O  I  U  A
S  R  Y  O  S  F  E  R  A  C  L  A  M  L
S  I  M  M  E  T  R  I  A  N  I  N  E  L
D  T  P  I  J  Q  E  L  P  T  G  G  O  E
E  M  P  E  R  I  M  E  T  R  O  O  R  L
C  E  S  P  O  N  E  N  T  E  N  L  L  O
I  T  I  A  I  U  N  C  W  G  O  O  N  O
M  I  D  I  A  M  E  T  R  O  L  P  X  C
A  C  X  O  G  E  O  M  E  T  R  I  A  J
L  A  Q  U  F  R  A  Z  I  O  N  E  Q  F
E  Q  U  A  Z  I  O  N  E  Y  O  G  C  B
```

ARITMETICA	NUMERI
ANGOLI	PARALLELO
QUADRATO	PERIMETRO
DECIMALE	POLIGONO
DIAMETRO	RAGGIO
EQUAZIONE	RETTANGOLO
SFERA	SIMMETRIA
ESPONENTE	TRIANGOLO
FRAZIONE	VOLUME
GEOMETRIA	

47 - Restaurante #1

```
T  C  I  O  T  O  L  A  D  Q  Y  P  M  K
M  O  I  Y  I  D  J  A  E  E  G  I  A  N
P  I  V  J  U  B  J  E  S  K  M  P  N  C
O  I  C  A  R  N  E  W  S  E  Y  R  G  A
L  X  C  Q  G  A  U  L  E  F  H  E  I  S
L  I  U  C  S  L  H  Y  R  C  L  N  A  S
O  Z  C  W  A  P  I  A  T  T  O  O  R  I
R  D  I  X  L  N  Q  O  K  U  G  T  E  E
M  E  N  Ù  S  F  T  P  L  H  W  A  L  R
I  Q  A  N  A  E  C  E  A  O  J  Z  P  E
A  L  L  E  R  G  I  A  S  N  C  I  B  O
G  E  Q  T  X  C  A  F  F  È  E  O  P  E
C  O  L  T  E  L  L  O  H  M  Z  N  D  Q
C  A  M  E  R  I  E  R  A  P  M  E  F  G
```

ALLERGIA	PANE
CAFFÈ	PICCANTE
CASSIERE	PIATTO
CAMERIERA	POLLO
CARNE	DESSERT
CUCINA	PRENOTAZIONE
MANGIARE	SALSA
CIBO	TOVAGLIOLO
COLTELLO	CIOTOLA
MENÙ	

48 - Profesiones #2

```
L D I L L U S T R A T O R E E
H D O P I L O T A E O X D M
Z H B B H N B P G Y H M R E
N F Y J U J G I I E A J A D
Z O O L O G O U O T P P A I
F I L O S O F O I L T P S C
I N V E N T O R E S O O T O
F G C H I R U R G O T G R A
D E N T I S T A L J C A O E
I G I A R D I N I E R E N O
S N G I O R N A L I S T A U
W E F O T O G R A F O I U T
B R I C E R C A T O R E T P
S E D E T E C T I V E N A U
```

ASTRONAUTA   INVENTORE
BIOLOGO   RICERCATORE
CHIRURGO   GIARDINIERE
DENTISTA   LINGUISTA
DETECTIVE   MEDICO
FILOSOFO   GIORNALISTA
FOTOGRAFO   PILOTA
ILLUSTRATORE   PITTORE
INGEGNERE   ZOOLOGO

49 - Senderismo

```
H M M W F H J Q N M C Q T E
P A R C H I Z H Q O A R C Z
E R W N R S T Y C N M S Z H
S G E I A C Q U A T P E I S
A H V P Z S U D S A E L M T
N Q E M A P P A C G G V H A
T P R J N R H H O N G A P N
E Z T A Z B A C G A I G I C
S T I V A L I Z L K O G E O
G S C A R Q C L I M A I T G
F N E Z E S O L E O J O R U
A N I M A L I S R A N I E I
N A T U R A E X A E W E R D
O R I E N T A M E N T O X E
```

SCOGLIERA	MONTAGNA
ACQUA	ZANZARE
ANIMALI	NATURA
STIVALI	ORIENTAMENTO
CAMPEGGIO	PARCHI
STANCO	PESANTE
CLIMA	PIETRE
VERTICE	PREPARAZIONE
GUIDE	SELVAGGIO
MAPPA	SOLE

50 - Naturaleza

```
M A O T L S E F I U M E R G
S A N T U A R I O Y O R I H
D E S E R T O Y E J N J F I
E S N E S E R E N O T O U A
B F O G L I A M E P A A G C
J K T N U V O L E E G N I C
T R O P I C A L E R N I O I
N E B B I A N G K O E M A A
D I N A M I C O G S Q A R I
B E L L E Z Z A P I W L T O
F O R E S T A L Y O O I I R
Q S N Z N H A Q Q N C T C U
Q N L O V I T A L E O T O Y
L S L W S C K I S D I L I R
```

API	MONTAGNE
ANIMALI	NEBBIA
ARTICO	NUVOLE
BELLEZZA	RIFUGIO
FORESTA	FIUME
DESERTO	SELVAGGIO
DINAMICO	SANTUARIO
EROSIONE	SERENO
FOGLIAME	TROPICALE
GHIACCIAIO	VITALE

51 - Vacaciones #1

```
O  H  Z  B  T  A  N  D  A  R  E  Z  P  T
F  M  R  O  G  E  U  N  Y  C  K  C  Z  R
P  R  B  I  H  R  S  W  U  W  M  R  A  A
S  P  A  R  T  E  N  Z  A  O  B  I  I  M
P  M  U  S  E  O  M  P  H  T  T  L  N  J
E  A  B  I  G  L  I  E  T  T  O  A  O  L
D  C  U  R  W  A  L  D  A  R  A  S  R  T
I  S  Z  T  U  G  G  O  T  Z  Q  S  V  E
Z  R  A  M  O  O  X  G  U  L  O  A  A  Z
I  I  T  I  N  E  R  A  R  I  O  M  L  E
O  F  Z  T  Z  U  O  N  I  A  Y  E  U  G
N  S  B  J  Y  M  E  A  S  Q  I  N  T  L
E  V  A  L  I  G  I  A  M  I  M  T  A  K
S  Q  E  L  T  F  J  A  O  R  M  O  J  P
```

DOGANA	ZAINO
AEREO	VALUTA
BIGLIETTO	MUSEO
AUTO	NUOTARE
SPEDIZIONE	OMBRELLO
ANDARE	RILASSAMENTO
ITINERARIO	PARTENZA
LAGO	TRAM
VALIGIA	TURISMO

52 - Conduciendo

```
P S C T S S C F R E N I L C
E I T R A F F I C O N N I I
D C J A B M I G G D X J C T
O U N S U G A R A G E T E P
N R J P N T H A K A M S N E
A E A O X T O S Y S A F Z R
L Z R R G H B B Y D P U A I
E Z J T R P O W U P P Y T C
C A P O L I Z I A S A A M O
C A T C A R B U R A N T E L
E R M O T O R E O Z Z X B O
Q S O I T U N N E L G D N S
T I T X O V E L O C I T À R
J W O U I N C I D E N T E K
```

INCIDENTE
AUTOBUS
CAMION
AUTO
CARBURANTE
FRENI
GARAGE
GAS
LICENZA
MAPPA

MOTO
MOTORE
PEDONALE
PERICOLO
POLIZIA
SICUREZZA
TRASPORTO
TRAFFICO
TUNNEL
VELOCITÀ

53 - Ballet

```
I  G  X  M  B  A  L  L  E  R  I  N  A  Y
F  H  E  J  K  S  P  M  U  S  C  O  L  I
C  S  P  S  P  R  A  T  I  C  A  R  I  N
P  O  N  E  T  Z  Z  B  Y  H  L  C  E  T
U  R  M  S  S  O  J  Z  G  H  R  H  Z  E
B  A  U  P  T  E  C  N  I  C  A  E  U  N
B  B  S  R  O  A  P  P  L  A  U  S  O  S
L  I  I  E  L  S  Z  K  J  J  L  T  J  I
I  L  C  S  C  E  I  S  X  L  G  R  U  T
C  I  A  S  U  N  Z  T  X  L  L  A  J  À
O  T  R  I  P  R  J  I  O  P  R  O  V  A
C  À  B  V  E  L  J  L  O  R  I  T  M  O
E  L  N  O  L  W  G  E  O  N  E  Y  J  F
A  R  T  I  S  T  I  C  O  D  I  N  Q  F
```

APPLAUSO
ARTISTICO
PUBBLICO
BALLERINA
COMPOSITORE
PROVA
STILE
ESPRESSIVO
GESTO

ABILITÀ
INTENSITÀ
LEZIONI
MUSCOLI
MUSICA
ORCHESTRA
PRATICA
RITMO
TECNICA

54 - Aventura

```
G A N C O R A G G I O E L C
V I T A L Q T L A N S N P O
I E O T T A R W A S S T R M
A S L I I U B O Q O O U E L
G C A Z A V R D N L R S P B
G U Y H M M I A S I P I A E
I R G R I Q N T O T R A R L
A S A S C G U E À O E S A L
D I F F I C O L T À N M Z E
Y O Z E C B V Z Z O D O I Z
O N H X A X O S X N E E O Z
D E S T I N A Z I O N E N A
S I C U R E Z Z A H T A E Q
P E R I C O L O S O E J D G
```

ATTIVITÀ	NATURA
GIOIA	NUOVO
AMICI	PERICOLOSO
BELLEZZA	PREPARAZIONE
DESTINAZIONE	SICUREZZA
DIFFICOLTÀ	SORPRENDENTE
ENTUSIASMO	CORAGGIO
ESCURSIONE	VIAGGI
INSOLITO	

55 - Pájaros

```
Q U I Y F D A Q U I L A P G
B R R S G G A B B I A N O C
C I G N O K N J E P S C F U
P A P P A G A L L O O D S C
F E N I C O T T E R O L P U
A C W A S T R U Z Z O R L L
I F I T R P A O P I D B P O
R A K C P I C C I O N E A G
O L U U O X N A N I X E S K
N C E O Z G O O G F U H S R
E O B V C B N E U Z X N E C
G B P O B J B A I X D L R J
S Y T B T U C A N O B M O Q
P E L L I C A N O N L O U N
```

STRUZZO	PASSERO
AQUILA	FALCO
CANARINO	UOVO
CICOGNA	PAPPAGALLO
CIGNO	PICCIONE
CUCULO	ANATRA
FENICOTTERO	PELLICANO
OCA	PINGUINO
AIRONE	POLLO
GABBIANO	TUCANO

56 - Playa

```
D  H  J  R  C  K  O  I  E  T  D  Z  I  G
G  S  Y  Q  O  I  A  M  A  R  E  Y  S  R
O  C  E  A  N  O  S  A  B  B  I  A  O  A
Z  V  B  P  B  F  C  B  S  R  A  F  L  N
S  A  N  D  A  L  I  A  C  D  E  M  A  C
D  C  O  S  T  A  U  R  O  R  K  L  F  H
W  A  E  S  N  G  G  C  G  L  U  D  L  I
N  N  C  C  T  U  A  L  Y  D  L  A  O
E  Z  Z  W  I  N  M  G  I  Q  U  A  Y  P
F  A  S  Q  K  A  A  Q  E  S  E  J  N  G
D  P  B  M  L  G  N  F  R  U  O  B  O  U
O  E  S  F  G  J  O  S  A  G  Z  L  K  G
B  A  R  C  A  A  V  E  L  A  E  J  E  P
J  T  N  U  O  T  A  R  E  H  S  P  Y  O
```

SABBIA
SCOGLIERA
BLU
BARCA
GRANCHIO
COSTA
ISOLA
LAGUNA
MARE

NUOTARE
OCEANO
OMBRELLO
SANDALI
SOLE
ASCIUGAMANO
VACANZA
BARCA A VELA

57 - Surf

```
P  B  Y  K  M  T  L  T  W  P  W  F  U  P
O  R  O  N  D  A  J  L  E  Z  Q  T  F  A
F  D  I  V  E  R  T  I  M  E  N  T  O  G
T  O  G  N  S  C  U  A  E  S  U  W  L  A
Y  G  R  Q  C  C  G  J  T  T  O  L  L  I
A  A  M  Z  U  I  H  C  E  I  T  S  A  A
O  I  W  S  A  T  P  I  O  L  A  C  T  S
S  T  O  M  A  C  O  I  U  E  R  O  L  P
P  O  P  O  L  A  R  E  A  M  E  G  E  I
E  S  T  R  E  M  O  C  G  N  A  L  T  A
X  T  R  O  C  E  A  N  O  E  T  I  A  G
X  S  R  H  C  A  M  P  I  O  N  E  W  G
R  J  Z  H  E  S  P  R  A  Y  F  R  P  I
V  E  L  O  C  I  T  À  C  C  C  A  J  A
```

SCOGLIERA	FOLLA
ATLETA	NUOTARE
CAMPIONE	OCEANO
METEO	ONDA
DIVERTIMENTO	SPIAGGIA
SCHIUMA	POPOLARE
STILE	PRINCIPIANTE
STOMACO	PAGAIA
ESTREMO	SPRAY
FORZA	VELOCITÀ

58 - Geografía

```
A Z D T U M L P A H N O R D
L J R I E O A H A R E C C L
T A T M P N T R A E W R O O
I A E R M D I I E F S R N N
T M R E F O T F M K M E T G
U E R P I V U C I T T À I I
D R I C K E D M S U N G N T
I I T I T S I M F I U M E U
N D O X T T N M E L R T N D
E I R P Y J E A R L S W T I
D A I S O L A P O E I O E N
Q N O X H R Y P H G I R G E
M O N T A G N A T L A N T E
C O X S U D R E G I O N E Z
```

ALTITUDINE
ATLANTE
CITTÀ
CONTINENTE
EMISFERO
ISOLA
LATITUDINE
LONGITUDINE
MAPPA
MARE

MERIDIANO
MONTAGNA
MONDO
NORD
OVEST
PAESE
REGIONE
FIUME
SUD
TERRITORIO

59 - Deportes

```
N U O T A R E H K N Q H K P
T Z D I B I C I C L E T T A
W I B I H B Y P C O B W B L
S T A D I O X P Z G G X A E
Z G S C C K C B R Z N S S S
O I K Y N N U K L O D Q E T
G N E C P A T L E T A U B R
O N T E N N I S H Y Y A A A
L A V I N C I T O R E D L U
F S M O V I M E N T O R L N
N T J A C A M P I O N A T O
K I A L L E N A T O R E K O
L C N G I O C A T O R E O C
H A R B I T R O G I O C O B
```

ATLETA	GINNASTICA
ARBITRO	PALESTRA
BASKET	GOLF
BASEBALL	HOCKEY
BICICLETTA	GIOCO
CAMPIONATO	GIOCATORE
ALLENATORE	MOVIMENTO
SQUADRA	NUOTARE
STADIO	TENNIS
VINCITORE	

60 - Actividades

```
F  P  I  T  T  U  R  A  H  B  C  C  P  I
R  O  T  J  C  C  R  W  M  H  E  A  I  N
I  C  T  P  P  U  Z  Z  L  E  R  C  A  T
L  Q  M  O  B  C  E  H  J  R  A  C  C  E
A  L  F  H  G  I  O  C  H  I  M  I  E  R
S  K  G  T  R  R  T  L  T  E  I  A  R  E
S  P  Q  F  F  E  A  S  D  T  C  O  E  S
A  T  E  X  Z  X  R  F  B  I  A  L  E  S
M  T  J  S  F  A  T  T  I  V  I  T  À  I
E  N  E  Z  C  A  E  C  M  A  G  I  A  Q
N  W  Z  F  N  A  B  I  L  I  T  À  A  G
T  A  R  T  I  G  I  A  N  A  T  O  I  Y
O  Q  L  E  T  T  U  R  A  Y  J  O  N  R
U  U  Y  T  E  M  P  O  L  I  B  E  R  O
```

ATTIVITÀ	GIOCHI
ARTE	LETTURA
ARTIGIANATO	MAGIA
CACCIA	TEMPO LIBERO
CERAMICA	PESCA
CUCIRE	PITTURA
FOTOGRAFIA	PIACERE
ABILITÀ	RILASSAMENTO
INTERESSI	PUZZLE

61 - Verduras

```
P  I  N  S  A  L  A  T  A  M  T  Y  E  X
B  I  I  C  A  R  O  T  A  M  C  F  S  R
R  P  S  L  M  E  L  A  N  Z  A  N  A  J
O  A  U  E  S  Y  I  P  Q  O  A  R  O  Q
C  T  F  P  L  I  V  Z  E  N  Z  E  R  O
C  A  X  I  Y  L  A  G  L  I  O  U  A  P
O  T  I  Z  H  K  O  J  G  J  E  I  V  O
L  A  S  E  D  A  N  O  Z  U  C  C  A  M
O  X  P  R  E  Z  Z  E  M  O  L  O  N  O
T  C  I  P  O  L  L  A  P  N  T  Z  E  D
F  U  N  G  O  I  W  W  G  X  C  W  L  O
R  R  A  P  A  G  N  K  C  C  T  B  L  R
E  T  C  C  A  R  C  I  O  F  O  P  O  O
I  L  I  C  E  T  R  I  O  L  O  X  K  Y
```

AGLIO
CARCIOFO
SEDANO
MELANZANA
BROCCOLO
ZUCCA
CIPOLLA
INSALATA
SPINACI
PISELLO

ZENZERO
RAPA
OLIVA
PATATA
CETRIOLO
PREZZEMOLO
RAVANELLO
FUNGO
POMODORO
CAROTA

62 - Instrumentos Musicales

```
P T A M B U R E L L O G M T
I E C L A R I N E T T O A A
A T R T G N W F H W G B N M
N A K C F A G O T T O X D B
O S K I U H E P Z B N N O U
F A D T C S A R P A G L L R
O S T T R O S P L C G Y I O
R S M V I O L I N O M L N H
T O A Q P D M W O B O E O N
E F R L G I M B J N A W H T
Y O I G P F R Y A S E N F Q
S N M A R M O N I C A E J O
U O B D M T R O M B O N E O
F L A U T O C H I T A R R A
```

ARMONICA	OBOE
ARPA	TAMBURELLO
BANJO	PERCUSSIONE
CLARINETTO	PIANOFORTE
FAGOTTO	SASSOFONO
FLAUTO	TAMBURO
GONG	TROMBONE
CHITARRA	TROMBA
MANDOLINO	VIOLINO
MARIMBA	

63 - Escalada

```
S  X  Y  I  M  R  G  T  N  C  A  S  C  O
S  T  O  E  A  F  R  E  B  B  T  T  Q  S
I  H  I  K  P  Q  O  R  Y  C  M  R  T  T
X  S  T  V  P  M  T  R  W  O  O  E  P  A
F  M  P  U  A  T  T  E  K  N  S  T  K  B
O  J  B  B  H  L  A  N  O  B  F  T  R  I
R  F  O  R  Z  A  I  O  Y  X  E  O  R  L
M  S  R  F  B  P  J  Q  E  N  R  P  K  I
A  L  T  I  T  U  D  I  N  E  A  H  C  T
Z  L  E  S  I  O  N  E  G  U  I  D  E  À
I  F  J  I  C  U  R  I  O  S  I  T  À  I
O  T  P  C  E  S  P  E  R  T  O  N  C  H
N  B  Y  O  G  U  A  N  T  I  G  I  R  X
E  S  C  U  R  S  I  O  N  I  T  O  D  N
```

ALTITUDINE	FISICO
ATMOSFERA	FORMAZIONE
STIVALI	FORZA
CASCO	GUANTI
GROTTA	GUIDE
CURIOSITÀ	LESIONE
STABILITÀ	MAPPA
STRETTO	ESCURSIONI
ESPERTO	TERRENO

64 - Mascotas

```
C C J Z A C W Q C Z G D S C
R A O A Q O Y O O C A E W I
I P N L W D H J N U T M K B
C R W E L A Z F I C T U P O
E A C Q U A Q W G C O C A E
T R A B C C R O L I H C P E
O T L P E S C E I O Z A P X
G I T H R D B X O L N F A H
H G F A T K O Z D O X A G W
K L A G O X A J Z E X H A Q
G I S N L T O P O A T M L R
N X X R A P Y M M W M N L H
G U I N Z A G L I O F B O P
T A R T A R U G A L J X A P
```

ACQUA
CAPRA
CUCCIOLO
CODA
COLLARE
CIBO
CONIGLIO
GUINZAGLIO
ARTIGLI
GATTO

CRICETO
LUCERTOLA
PAPPAGALLO
ZAMPE
CANE
PESCE
TOPO
TARTARUGA
MUCCA

65 - Formas

```
E K P L L Q M P N X I F W U
L A R C O C U B D L H F X F
L A I R E T T A N G O L O D
I N S F E R A O D I D K B B
S G M X Y B C Y C R Z Y Z G
S O A P C O Y H P O A H L M
E L J T I R J A I S N T S P
Z O E K L D T C R O D O O O
S T H C I I F W A C U B O L
J Y H U N L L D M W P E T I
C K Z R D U K L I N E A C G
H C J V R X G D D L A T O O
W G L A O Q F B E O Q X Y N
O V A L E I P E R B O L E O
```

ARCO	ANGOLO
BORDI	IPERBOLE
CILINDRO	LATO
CERCHIO	LINEA
CONO	OVALE
QUADRATO	PIRAMIDE
CUBO	POLIGONO
CURVA	PRISMA
ELLISSE	RETTANGOLO
SFERA	

66 - Flores

```
P P M T R I F O G L I O Y G
A E A A G A R D E N I A X F
P O R S R C A L E N D U L A
A N R P S G E L S O M I N O
V I E Q W I H W U M Y B R B
E A F S I L F E N C S I L X
R O Z X Q I W L R L Z S T N
O J G I G L I O O I A C U A
M A G N O L I A K R T O L R
F Q C N L A V A N D A A I C
I Y G I R A S O L E S Q P I
P E T A L O R C H I D E A S
K Y X J X Y S L Q N J D N O
N Z G K W N M A Z Z O X O D
```

PAPAVERO	MARGHERITA
CALENDULA	NARCISO
GARDENIA	ORCHIDEA
GIRASOLE	PASSIFLORA
IBISCO	PEONIA
GELSOMINO	PETALO
LAVANDA	MAZZO
LILLA	ROSA
GIGLIO	TRIFOGLIO
MAGNOLIA	TULIPANO

67 - Astronomía

```
P E Q U I N O Z I O A G S D
S A T E L L I T E C S A U C
A S T R O N O M O O T L P T
U N I V E R S O D S R A E E
N O J J S P D R A M O S R L
A F M G S N X A S O N S N E
M T D Q C B Z D T L A I O S
W E C L I S S I E U U A V C
L R T G E P F A R X T N A O
M R G E L M W Z O A A C A P
U A S T O M F I I D Z E R I
Q R E B A R K O D S Q Z B O
O Q A C J S A N E L I I O C
Q X R P I A N E T A Q O T H
```

ASTEROIDE	LUNA
ASTRONAUTA	METEORA
ASTRONOMO	PIANETA
CIELO	RADIAZIONE
RAZZO	SATELLITE
COSMO	SUPERNOVA
ECLISSI	TELESCOPIO
EQUINOZIO	TERRA
GALASSIA	UNIVERSO

68 - Tiempo

```
L H Z E M E S E S E C O L O
M E Z Z O G I O R N O T B X
C M P E A M P A S S A T O L
U I M I X P R K E K Q S Y C
Q W N R C N M A T T I N A A
H G O R A C M I T P R Z X L
I I T R A B P N I S R M M E
E O T W O N X N M G N I O N
R R E Z S L N C A L G N M D
I N I U A U O U N F D U E A
J O M F Y B A G A F H T N R
X W A N N O R G I L H O T I
F U T U R O O O H O E K O O
K X O G G I D E C E N N I O
```

PRIMA	MATTINA
ANNUALE	MEZZOGIORNO
ANNO	MESE
IERI	MINUTO
CALENDARIO	MOMENTO
DECENNIO	NOTTE
GIORNO	PASSATO
FUTURO	OROLOGIO
ORA	SETTIMANA
OGGI	SECOLO

69 - Paisajes

```
E V U L C A N O E D B G G T
G S C A S C A T A L A G O U
H E T D P D O G L T B W Q N
I S F U M Y W M X Q G T X D
A P D L A G U N A Y M D O R
C I C B R R P A L U D E A A
C A S P E N I S O L A G S D
I G F O C O C O G S G R I E
A G V A L L E I E J F O T S
I I N W Z A B S Y K R T G E
O A M E S Z E Q S I B T A R
G E J L B R R R E U R A H T
D G J M J X G I R C Y F X O
F I U M E M O N T A G N A N
```

CASCATA   MARE
GROTTA   MONTAGNA
DESERTO   OASI
ESTUARIO   PALUDE
GEYSER   PENISOLA
GHIACCIAIO   SPIAGGIA
ICEBERG   FIUME
ISOLA   TUNDRA
LAGO   VALLE
LAGUNA   VULCANO

70 - Días y Meses

```
A L O F K F R Y G D A S M N
G U T G E N N A I O N E E E
O N T S A B A T O H N T R R
S E O S N B B M Z F O T C S
T D B S U C D R O F H E O E
O Ì R F A A K H A G W M L T
A L E J W L L L D I N B E T
M V N O V E M B R E O R D I
A E Q E N N A F G L A E Ì M
R N S Z K D O M E N I C A A
T E N E P A N L U G L I O N
E R K A P R I L E M E X A A
D D K P G I O V E D Ì A R I
Ì Ì J P N O G I U G N O E C
```

APRILE
AGOSTO
ANNO
CALENDARIO
DOMENICA
GENNAIO
FEBBRAIO
GIOVEDÌ
LUGLIO
GIUGNO

LUNEDÌ
MARTEDÌ
MESE
MERCOLEDÌ
NOVEMBRE
OTTOBRE
SABATO
SETTIMANA
SETTEMBRE
VENERDÌ

71 - Chocolate

```
P A Z I N G R E D I E N T E
R R U H C A C A O E G M Z K
E O C N A N Y X L P H A E Q
F M C A M T R R C U D N S X
E A H A L I L F E S E G O K
R W E M C O A Q U A L I T À
I X R A O S R H B P I A I P
T Z O R O S A I C O Z R C R
O U K O T I C K E L I E O I
G U S T O D H T P V O P L C
Y O H N H A I Z G E S X Y E
C Y D Y F N D A F R O H I T
N M P J F T I R D E T W I T
I D N O C E D I C O C C O A
```

AMARO   MANGIARE
ANTIOSSIDANTE   DELIZIOSO
AROMA   DOLCE
ZUCCHERO   ESOTICO
ARACHIDI   PREFERITO
CACAO   GUSTO
QUALITÀ   INGREDIENTE
CALORIE   POLVERE
NOCE DI COCCO   RICETTA

72 - Barbacoas

```
S X M V E R D U R E E R W F
A B U P E U E H X G P D L A
L M S A L S A B D I W N P M
E D I D I P C I P O L L E I
G Y C E N A O O K C G O P G
E M A A J P L M L H Z B E L
C A L D O O T G O I B F B I
P O L L O L E R P D R X N A
N Y E M R G L I R J O F R G
Q S B W L H L G A Y Y R Q R
E S T A T E I L N I S U I M
B A M B I N I I Z W T T Q N
R F A M E K P A O U T T C P
I N S A L A T E Y L N A S C
```

PRANZO	MUSICA
CALDO	BAMBINI
CIPOLLE	GRIGLIA
CENA	PEPE
COLTELLI	POLLO
INSALATE	SALE
FAMIGLIA	SALSA
FRUTTA	POMODORI
FAME	ESTATE
GIOCHI	VERDURE

73 - Ropa

```
C A M I C I A S G T G M S T
W I U A Q I A T U R I Y J C
P S N S G O N N A M O D A A
I D S T J L R K N R I M H P
G O C E U O I C T Y E R Z P
I K I D H R S O I P L D Z E
A I A B O F A N N A L O B L
M Q R M B U N Z G E O M S L
A J P R N N D L K A B I T O
B R A C C I A L E T T O O J
G I A C C A L C O L L A N A
K G R E M B I U L E B S S P
Z F C A M I C E T T A J M T
C A P P O T T O S C A R P A
```

CAPPOTTO	GIOIELLO
CAMICETTA	MODA
SCIARPA	PIGIAMA
CAMICIA	BRACCIALETTO
GIACCA	SANDALI
CINTURA	CAPPELLO
COLLANA	MAGLIONE
GREMBIULE	ABITO
GONNA	SCARPA
GUANTI	

74 - Meditación

```
T P L H A R H E U C G R A A
Y M O V I M E N T O E E C T
U I B S O I F R G M N S C T
F B N N T M L C G P T P E E
C A L M A U I H R A I I T N
M G N M O S R I A S L R T Z
P E R E U I R A T S E A A I
R A N N Z C K R I I Z Z Z O
X J C T U A M E T O Z I I N
B M X E A C D Z U N A O O E
I F H P A L K Z D E C N N L
W A C P R F E A I S R E E G
P E N S I E R I N A T U R A
E M O Z I O N I E H T E S G
```

ACCETTAZIONE	MENTE
ATTENZIONE	MOVIMENTO
GENTILEZZA	MUSICA
CALMA	NATURA
CHIAREZZA	PACE
COMPASSIONE	PENSIERI
EMOZIONI	POSTURA
GRATITUDINE	RESPIRAZIONE
MENTALE	

75 - Libros

```
U M O R I S T I C O Z C S N
T R A G I C O M S U D S C A
I N V E N T I V O C G N R R
D M S C I A N U C J R K I R
A A M P A G I N A L D C T A
U V L E T T E R A R I O T T
T P V S R O M A N Z O C O O
O O E E U S T O R I C O S R
R E G K N R I L E V A N T E
E S Y L E T T O R E Z T O O
Y I U P Z Q U R N O F E R B
A A L C Y S E R I E U S I Q
D U A L I T À J A W L T A Z
C O L L E Z I O N E E O D D
```

AUTORE
AVVENTURA
COLLEZIONE
CONTESTO
DUALITÀ
SCRITTO
STORIA
STORICO
UMORISTICO
IMMERSIONE

INVENTIVO
LETTORE
LETTERARIO
NARRATORE
ROMANZO
PAGINA
RILEVANTE
POESIA
SERIE
TRAGICO

76 - Nutrición

```
T O S S I N A A C T M S G P
J H T X O D B Z M Y S A U F
C E R E A L I X D A U N S E
Q Q G P Z Q A N I N R O T R
N U T R I E N T E J O O O M
V A C O M M E S T I B I L E
I L P T X X O A A D H G S N
T I O E C D W L P L D Y C T
A T W I A M A U P E S O X A
M À G N L P H T E N T A I Z
I X R E O J S E T T W J U I
N Z X L R B M D I F Q N Y O
A D T D I G E S T I O N E N
X C A M E D B A O S C L B E
```

AMARO
APPETITO
QUALITÀ
CALORIE
CEREALI
COMMESTIBILE
DIETA
DIGESTIONE
FERMENTAZIONE

NUTRIENTE
PESO
PROTEINE
GUSTO
SALSA
SALUTE
SANO
TOSSINA
VITAMINA

77 - Edificios

```
T A A D O L H W I S F C S S
E L B P S C U O L A I A U A
R A G W P F G O C U E S P M
T B Y A E A A Y G D N T E B
S O N I D F R B T E I E R A
B R R I A A A T B T L L M S
J A B R L T G E A R E L E C
T T L S E T E A D M I O R I
H O T E L O A T D C E C C A
B R D Q E R P R K I G N A T
X I E P R I M O S N J D T A
D O T D L A O S T E L L O O
S T A D I O C R S M U S E O
J O Z Z S W O K R A K I I M
```

OSTELLO
APPARTAMENTO
CASTELLO
CINEMA
AMBASCIATA
SCUOLA
STADIO
FABBRICA
GARAGE

FIENILE
FATTORIA
OSPEDALE
HOTEL
LABORATORIO
MUSEO
SUPERMERCATO
TEATRO
TORRE

78 - Océano

```
B A R C A D P G S F T W K T
Q P F W H E H R M A R E E B
F L O Z T L B A L E N A U E
P E S C E F S N C G D G S I
S L X I Q I E C R A K U I Q
E S P U G N A H J M P S S Z
P O L P O O A I U B U X U A
C O R A L L O O K E J Z A T
S Q U A L O O S T R I C A O
S C O G L I E R A E S X L N
T E M P E S T A C T U A P N
A N G U I L L A U T N Z L O
A L G H E Z Y E S O I C K E
J P F T A R T A R U G A U X
```

ALGHE	SPUGNA
ANGUILLA	MAREE
SCOGLIERA	MEDUSA
TONNO	OSTRICA
BALENA	PESCE
BARCA	POLPO
GAMBERETTO	SALE
GRANCHIO	SQUALO
CORALLO	TEMPESTA
DELFINO	TARTARUGA

79 - Ciudad

```
H  B  B  C  S  N  S  T  A  D  I  O  Z  S
O  U  E  A  I  C  L  I  N  I  C  A  W  J
T  R  C  D  N  N  U  U  J  Z  G  H  Z  C
E  X  N  X  W  C  E  O  D  N  O  K  F  R
L  A  O  W  Z  T  A  M  L  X  K  M  M  G
F  I  O  R  I  S  T  A  A  A  F  W  E  A
S  U  P  E  R  M  E  R  C  A  T  O  R  L
B  I  B  L  I  O  T  E  C  A  B  N  C  L
H  R  I  X  F  A  R  M  A  C  I  A  A  E
T  E  A  T  R  O  T  U  L  O  E  Z  T  R
Z  D  O  S  Y  A  E  S  F  Y  I  O  O  I
E  X  Z  L  I  B  R  E  R  I  A  O  S  A
N  E  G  O  Z  I  O  O  J  T  C  A  S  X
U  N  I  V  E  R  S  I  T  À  J  C  K  D
```

BANCA	HOTEL
BIBLIOTECA	LIBRERIA
CINEMA	MERCATO
CLINICA	MUSEO
SCUOLA	SUPERMERCATO
STADIO	TEATRO
FARMACIA	NEGOZIO
FIORISTA	UNIVERSITÀ
GALLERIA	ZOO

80 - Conservación

```
R  I  C  I  C  L  A  R  E  A  D  L  X  N
L  F  S  L  R  P  E  S  T  I  C  I  D  A
E  A  M  B  I  E  N  T  A  L  E  Q  G  E
D  U  E  O  W  E  P  L  S  C  R  G  U  D
U  I  V  E  R  D  E  M  F  A  R  R  Q  A
C  L  I  M  A  G  H  B  J  E  L  J  W  S
A  H  A  B  I  T  A  T  X  I  N  U  I  A
Z  D  I  N  Q  U  I  N  A  M  E  N  T  O
I  F  S  O  S  T  E  N  I  B  I  L  E  E
O  N  A  T  U  R  A  L  E  C  X  W  C  Y
N  R  I  D  U  R  R  E  F  I  O  Y  Z  N
E  N  S  T  E  B  Z  L  E  C  T  T  I  X
Q  B  J  T  D  U  U  C  C  L  F  R  C  X
Z  U  I  T  Y  H  L  N  M  O  G  I  M  L
```

ACQUA   ORGANICO
AMBIENTALE   PESTICIDA
CICLO   RICICLARE
CLIMA   RIDURRE
INQUINAMENTO   SALUTE
EDUCAZIONE   SOSTENIBILE
HABITAT   VERDE
NATURALE

81 - Campeonato

```
P  S  I  C  F  S  P  O  R  T  I  V  O  C
R  T  C  M  A  I  Z  T  H  C  M  R  Y  A
E  R  H  P  O  M  N  C  Q  N  A  Q  S  M
S  A  M  T  O  S  P  A  E  G  W  C  A  P
T  T  F  E  K  S  Q  I  L  E  G  A  L  I
A  E  S  U  D  O  R  E  O  I  S  A  L  O
Z  G  T  M  S  A  P  M  E  N  S  C  E  N
I  I  M  W  Q  J  G  B  G  E  E  T  N  A
O  A  C  D  U  N  C  L  Q  Z  T  T  A  T
N  E  L  R  A  D  X  Y  I  D  Y  K  T  O
E  G  I  U  D  I  C  E  G  A  H  N  O  O
H  C  M  Y  R  T  O  R  N  E  O  F  R  C
X  B  S  O  A  G  I  O  C  H  I  H  E  G
M  O  T  I  V  A  Z  I  O  N  E  A  C  N
```

CAMPIONATO	GIUDICE
CAMPIONE	LEGA
SPORTIVO	MEDAGLIA
ALLENATORE	MOTIVAZIONE
SQUADRA	PRESTAZIONE
STRATEGIA	TORNEO
FINALISTA	SUDORE
GIOCHI	

82 - Actividades y Ocio

```
I N G O L F B N B H F E R S
L M U W Y N G L A O Y S I H
L J M O F G C S S B Q C L O
U U T E T W C I E B H U A P
X P R M R O Y R B Y Z R S P
J X C C M S V I A A A S S I
C A L C I O I T L J M I A N
P I T T U R A O L Q S O N G
W B G L B T G B N Q U N T I
C A M P E G G I O E R I E N
K S C E A S I B S O F C H F
D K E S R R O O T E N N I S
T E N C F K T X H M W Z Y H
H T R A F P I E G N L G N Q
```

HOBBY   GOLF
ARTE   NUOTO
BASKET   PESCA
BASEBALL   PITTURA
BOXE   RILASSANTE
IMMERSIONE   ESCURSIONI
CAMPEGGIO   SURF
SHOPPING   TENNIS
CALCIO   VIAGGIO

83 - Comida #1

```
L  I  M  O  N  E  Q  K  O  W  Q  Y  S  C
F  U  Z  F  C  A  R  O  T  A  Z  E  P  A
K  W  E  Q  R  B  E  C  J  O  U  G  I  N
Q  P  M  Z  B  A  S  I  L  I  C  O  N  N
A  G  L  I  O  F  G  P  X  E  C  W  A  E
P  Q  H  S  S  H  X  O  Y  P  H  W  C  L
M  I  N  E  S  T  R  A  L  L  E  G  I  L
I  G  D  C  L  J  G  W  C  A  R  N  E  A
R  A  P  A  I  O  R  Z  O  T  O  N  N  O
C  F  W  B  N  P  B  Q  C  T  P  B  U  X
S  U  C  C  O  M  O  B  A  E  E  D  U  E
O  A  P  R  U  G  X  L  R  Y  R  B  A  M
U  U  L  J  F  L  P  B  L  L  A  A  L  Z
Y  U  N  E  M  E  N  T  A  A  Y  P  T  T
```

AGLIO	SUCCO
BASILICO	LATTE
TONNO	LIMONE
ZUCCHERO	MENTA
CANNELLA	RAPA
CARNE	PERA
ORZO	SALE
CIPOLLA	MINESTRA
SPINACI	CAROTA
FRAGOLA	

84 - Virtudes #1

```
G Q C C S I K D I A A D M A
P A Z I E N T E N P F I O F
W T Z G O T E C D P F V D F
E A Q E S E F I I A I E E A
B U O N O L F S P S D R S S
C R Q E P L I I E S A T T C
X X I R U I C V N I B E O I
C Z J O T G I O D O I N T N
P U N S I E E N E N L T P A
E U R O L N N U N A E E D N
A I L I E T T R T T D Y C T
H D I I O E E C E O H C T E
B O A O T S P R A T I C O U
R J D L O O O A S A G G I O
```

APPASSIONATO
BUONO
CURIOSO
DECISIVO
EFFICIENTE
AFFASCINANTE
AFFIDABILE
GENEROSO
DIVERTENTE

INDIPENDENTE
INTELLIGENTE
PULITO
MODESTO
PAZIENTE
PRATICO
SAGGIO
UTILE

85 - Literatura

```
M C D P W C O N F R O N T O
S E H I Q P O E S I A A B B
T S T C A R D U A T N R I H
I Q E A I L J D M M E R O C
L K M U F A O Z U O D A G O
E K A T T O N G O Z D T R N
Z B U O N F R A O T O O A C
K W F R P R A A L R T R F L
F P O E T I C O H O O E I U
Q S J J W M B G X M G Q A S
S Y C D Q A K A N A L I S I
F I N Z I O N E I N C G A O
T R A G E D I A M Z U I L N
W D E S C R I Z I O N E Q E
```

ANALOGIA
ANALISI
ANEDDOTO
AUTORE
BIOGRAFIA
CONFRONTO
CONCLUSIONE
DESCRIZIONE
DIALOGO
STILE

FINZIONE
METAFORA
NARRATORE
ROMANZO
POESIA
POETICO
RIMA
RITMO
TEMA
TRAGEDIA

86 - Clima

```
N V Z X P B M A T L N P G N
U E E X D O E T E G D P S U
E B B N P L U M M H I Q H B
R R C B T T R O P I C A L E
T E I Z I O A S E A L S M S
E Z E A J A G F R C I C A I
M Z L K M B A E A C M I L C
P A O L K L N R T I A U L C
E T F A H U O A U O B T U I
S F U L M I N E R Y S T V T
T Q M O T O R N A D O O I À
A B X E N P O L A R E D O M
U S Z Y M O N S O N E X N Q
S S E K E A N B N C Y N E J
```

ATMOSFERA	POLARE
BREZZA	FULMINE
CIELO	ASCIUTTO
CLIMA	SICCITÀ
GHIACCIO	TEMPERATURA
URAGANO	TEMPESTA
ALLUVIONE	TORNADO
MONSONE	TROPICALE
NEBBIA	TUONO
NUBE	VENTO

87 - Comida #2

```
C M E L A U C D B W D L U M
I A F H F D N F R K Y K G E
O N R C I D L X G X O E I L
C D U C U K E O S E G A R A
C O O I I F S K E P U R A N
O R V L P O M O D O R O S Z
L L O I A R F A A L T J O A
A A M E N M Q O N L J L L N
T M M G E A H K O O M Y E A
O K B I D G R A N O U V A Q
S S I A K G Z E N Z E R O A
L M K W X I J B A N A N A L
G J M G I O R I S O D H P B
T B J U Y L U R E E Z U O Q
```

CARCIOFO   KIWI
MANDORLA   MELA
SEDANO   PANE
RISO   BANANA
MELANZANA   POLLO
CILIEGIA   FORMAGGIO
CIOCCOLATO   POMODORO
GIRASOLE   GRANO
UOVO   UVA
ZENZERO   YOGURT

88 - Castillos

```
T O R R E I S F C F P P U D
S C U D O D H E A O A R N R
N C S D L R C U V R R I I A
N O B I L E A D A T E N C G
T R H N E G T A L E T C O O
B O G A O N A L L Z E I R Y
Z N B S S O P E O Z H P N U
Y A S T M Q U A B A D E O M
B P M I S P L I L X L S S N
H L A A N L T E M A X S C B
C H Q R S P A D A P Z A P X
P R I N C I P E J D E Z Z J
C A V A L I E R E Z Q R O U
K A R M A T U R A I P K O E
```

ARMATURA	FORTEZZA
CAVALIERE	IMPERO
CAVALLO	NOBILE
CATAPULTA	PALAZZO
CORONA	PARETE
DINASTIA	PRINCIPESSA
DRAGO	PRINCIPE
SCUDO	REGNO
SPADA	TORRE
FEUDALE	UNICORNO

89 - Arte

```
S  S  P  I  S  P  I  R  A  T  O  S  I  J
C  O  O  S  U  R  R  E  A  L  I  S  M  O
U  X  C  G  O  R  I  G  I  N  A  L  E  K
L  O  E  O  G  A  D  W  V  I  S  I  V  O
T  K  R  C  M  E  C  I  U  J  D  B  C  O
U  X  A  P  Y  P  T  S  I  M  B  O  L  O
R  U  M  O  R  E  L  T  L  O  K  F  C  M
A  D  I  J  I  W  W  E  O  N  T  I  M  P
P  I  C  Q  T  U  H  K  S  E  W  G  I  H
O  P  A  C  R  E  A  R  E  S  O  U  N  U
E  I  E  T  A  A  B  Q  I  T  O  R  U  L
S  N  S  O  R  P  E  R  S  O  N  A  L  E
I  T  W  R  R  S  E  M  P  L  I  C  E  O
A  I  P  E  E  Z  J  U  H  A  S  Y  H  Q
```

CERAMICA	PERSONALE
COMPLESSO	DIPINTI
CREARE	POESIA
SCULTURA	RITRARRE
FIGURA	SEMPLICE
ONESTO	SIMBOLO
UMORE	SURREALISMO
ISPIRATO	SOGGETTO
ORIGINALE	VISIVO

90 - Herboristería

```
Q P H M B M B M P M E N T A
U X I Z A F F E R A N O Y G
A D R A G O N C E L L O E G
L I E A N G J E Z A C C F C
I M N X R T D X Z K N U F R
T B A G Q P A H E A G L I O
À A O G R R O S M A R I N O
W S G I G E T E O N Y N O L
Q I U A P I D E L E U A C A
S L S R H C O I O T N R C V
W I T D F I O R E O E I H A
H C O I R E E U A N B O I N
W O X N V E R D E N T E O D
U A R O M A T I C O A E P A
```

AGLIO
BASILICO
AROMATICO
ZAFFERANO
QUALITÀ
CULINARIO
ANETO
DRAGONCELLO
FIORE
FINOCCHIO

INGREDIENTE
GIARDINO
LAVANDA
MAGGIORANA
MENTA
PREZZEMOLO
PIANTA
ROSMARINO
GUSTO
VERDE

91 - Verano

```
C E X C S P I A G G I A C G
T E M P O L I B E R O V A I
Q P L C S T E L L E A I S O
A M I C I A F T X B N A A I
J M B Q G S N A B P Z G E A
E D R B G K T D M C L G Z Y
Z D I K B I S L A I T I S N
G I O C H I A J J L G O R U
O R W I D D I R B K I L L O
D A M B D W Y J D I G Y I T
R I C O R D I T U I Z C M A
V A C A N Z A R M H N Q A R
S Z E M U S I C A A T O R E
Z I Q I M M E R S I O N E X
```

GIOIA	MARE
AMICI	MUSICA
IMMERSIONE	NUOTARE
CIBO	TEMPO LIBERO
STELLE	SPIAGGIA
FAMIGLIA	RICORDI
CASA	SANDALI
GIARDINO	VACANZA
GIOCHI	VIAGGIO
LIBRI	

92 - Insectos

```
A W O B E Z Z L C U V C C C
P L O Q N L A A A S E Z A O
E N D W J I N R L C R P V C
A B I D X B Z V A A M R A C
F P U L C E A A B R E B L I
I D D M I L R T R A I F L N
D R S A C L A E O F C O E E
E U K N A U Q R N A V R T L
F O P T L L Z M E G E M T L
Z A G I A A G I D G S I A A
O S L D R N N T Y I P C W Y
C O L E O T T E R O A A D P
W Q Q P N F A R F A L L A R
W H S P B A L O C U S T A N
```

APE	LARVA
VESPA	LIBELLULA
CALABRONE	MANTIDE
AFIDE	FARFALLA
CICALA	COCCINELLA
SCARAFAGGIO	ZANZARA
COLEOTTERO	FALENA
VERME	PULCE
FORMICA	CAVALLETTA
LOCUSTA	TERMITE

93 - Especias

```
B O K Q X Z E N Z E R O M D
A I N I F I N O C C H I O O
C W Y E F Q U C S G G U A L
R I Y N L Y G E C G M H N C
P W P L M C U M I N O Z U E
R A C O B J S O C U R R Y R
B U P F L T T S A L E U A Q
O F Y R I L O C M G B C F O
N N Z Q I T A A A J L Q K J
A N I C E K W T R N I I E G
A C I D O G A A O L S H O G
E B P E P E C A N N E L L A
Z A F F E R A N O C R K Y P
L I Q U I R I Z I A Q R B G
```

ACIDO	DOLCE
AGLIO	FINOCCHIO
AMARO	ZENZERO
ANICE	NOCE MOSCATA
ZAFFERANO	PAPRIKA
CANNELLA	PEPE
CIPOLLA	LIQUIRIZIA
CUMINO	GUSTO
CURRY	SALE

94 - Emociones

```
B  R  R  I  L  A  S  S  A  T  O  C  P  A
C  E  O  S  I  M  P  A  T  I  A  O  O  A  I
C  R  A  L  A  O  J  K  P  M  U  N  C  J
T  G  H  T  K  R  I  Q  U  F  H  T  E  X
C  E  R  I  I  E  S  O  R  P  R  E  S  A
A  N  N  A  P  T  T  H  D  A  C  N  P  A
L  T  D  E  T  L  U  Z  Z  U  O  U  Q  M
M  I  Y  P  R  O  G  D  G  R  M  T  I  K
A  L  L  T  K  E  N  O  I  A  Z  O  K  L
L  E  E  P  O  B  Z  F  O  N  M  A  I  A
D  Z  X  O  K  U  E  Z  I  F  E  U  C  O
J  Z  H  I  M  B  A  R  A  Z  Z  A  T  O
M  A  T  R  A  N  Q  U  I  L  L  I  T  À
R  I  L  I  E  V  O  R  A  B  B  I  A  B
```

NOIA	CONTENUTO
GRATO	RABBIA
GIOIA	PAURA
RILIEVO	PACE
AMORE	RILASSATO
IMBARAZZATO	SIMPATIA
BEATITUDINE	SORPRESA
GENTILEZZA	TENEREZZA
CALMA	TRANQUILLITÀ

95 - Mediciones

```
M  P  A  L  T  E  Z  Z  A  U  Z  R  W  Z
I  O  V  G  O  N  C  I  A  L  B  Y  F  D
N  L  O  D  N  U  P  G  R  A  M  M  O  U
U  L  L  W  N  Z  R  H  N  R  A  X  B  C
T  I  U  P  E  S  O  U  H  G  S  B  Y  H
O  C  M  B  L  P  F  N  H  H  S  Q  T  I
D  E  E  K  L  U  O  J  Q  E  A  Z  E  L
L  E  I  E  A  F  N  X  Y  Z  H  E  U  O
M  I  C  X  T  X  D  G  S  Z  Q  L  B  G
Q  T  T  I  A  T  I  S  H  A  P  D  Y  R
S  R  D  R  M  Y  T  G  M  E  T  R  O  A
Q  O  D  Z  O  A  À  A  Q  E  Z  N  G  M
G  R  A  D  O  Y  L  K  T  Y  R  Z  B  M
U  C  H  I  L  O  M  E  T  R  O  F  A  O
```

ALTEZZA	MASSA
LARGHEZZA	METRO
BYTE	MINUTO
DECIMALE	ONCIA
GRADO	PESO
GRAMMO	PROFONDITÀ
CHILOGRAMMO	POLLICE
CHILOMETRO	TONNELLATA
LITRO	VOLUME
LUNGHEZZA	

96 - Barcos

```
Y A C H T N G Q R Y C P E L
A I A N C O R A I W O B Q A
E K N L O C E A N O R P U G
N W O Y B M M Y F D D X I O
A M A X O E A S K F A G P R
U S A X A M R R A O F J A R
T C M R U U E O I Y C D G G
I B R F I U M E H T N C G Z
C G F H U N U J Q K T L I C
O M A R E A A T Z H C I O Y
K A Y A K I H I Q S N I M F
Z A T T E R A P O E X N G O
D M O T O R E K L M Y E I D
R R J C T R A G H E T T O A
```

ANCORA   MARINAIO
ZATTERA   MARITTIMO
BOA   ALBERO
CANOA   MOTORE
CORDA   NAUTICO
TRAGHETTO   OCEANO
KAYAK   FIUME
LAGO   EQUIPAGGIO
MARE   YACHT
MAREA

97 - Antártida

```
U  I  I  M  I  N  E  R  A  L  I  G  P  C
G  C  S  O  X  A  J  O  Z  X  X  H  E  O
C  E  C  O  R  Z  Q  C  S  L  P  I  N  N
P  J  O  E  L  R  A  C  F  W  F  A  I  S
A  C  S  G  L  E  Y  I  A  H  F  C  S  E
P  X  F  I  R  L  C  O  Q  B  F  C  O  R
I  B  U  O  X  A  I  S  G  D  L  I  L  V
B  A  I  A  H  Z  F  O  A  F  E  O  A  A
W  B  N  S  P  E  D  I  Z  I  O  N  E  Z
P  I  N  G  U  I  N  I  A  C  Q  U  A  I
S  C  I  E  N  T  I  F  I  C  O  D  P  O
T  E  M  P  E  R  A  T  U  R  A  G  O  N
J  N  F  N  U  V  O  L  E  Z  P  T  Q  E
D  G  H  I  A  C  C  I  A  I  B  K  L  Z
```

ACQUA	ISOLE
BAIA	MINERALI
SCIENTIFICO	NUVOLE
CONSERVAZIONE	UCCELLI
SPEDIZIONE	PENISOLA
GEOGRAFIA	PINGUINI
GHIACCIAI	ROCCIOSO
GHIACCIO	TEMPERATURA

98 - Piratas

```
P  S  W  X  L  T  E  S  O  R  O  S  Y  Y
X  U  B  Y  R  E  B  A  N  D  I  E  R  A
L  W  W  M  U  B  G  I  S  O  L  A  Z  O
N  J  N  E  L  U  H  G  G  P  H  N  G  A
H  K  C  P  A  S  B  J  E  T  X  C  M  V
C  U  H  A  U  S  C  C  Q  N  U  O  O  V
C  I  L  P  D  O  L  F  E  I  D  R  T  E
A  H  C  P  T  L  K  O  Z  E  G  A  G  N
P  S  P  A  D  A  M  O  N  E  T  E  R  T
I  J  E  G  T  C  A  T  T  I  V  O  O  U
T  S  A  A  Y  R  U  M  A  P  P  A  T  R
A  F  O  L  S  P  I  A  G  G  I  A  T  A
N  J  E  L  Y  O  Z  C  X  J  F  S  A  E
O  G  K  O  R  O  E  X  E  U  M  Z  R  B
```

ANCORA	LEGGENDA
AVVENTURA	PAPPAGALLO
BANDIERA	CATTIVO
BUSSOLA	MAPPA
CAPITANO	MONETE
CICATRICE	ORO
GROTTA	SPIAGGIA
SPADA	RUM
ISOLA	TESORO

99 - Mamíferos

```
B  F  M  I  O  N  K  U  M  R  T  V  C  N
A  P  Z  C  A  V  A  L  L  O  C  O  T  A
L  H  G  G  T  K  J  A  U  A  Y  L  O  S
E  D  I  O  A  S  I  N  O  P  W  P  R  E
N  E  R  R  B  T  C  Z  I  E  O  E  O  L
A  L  A  I  C  P  T  E  L  C  A  N  E  E
C  F  F  L  A  O  C  O  Y  O  T  E  O  F
A  I  F  L  M  B  N  Q  Y  R  X  H  R  A
N  N  A  A  M  L  J  I  N  A  X  T  S  N
G  O  U  Z  E  B  R  A  G  N  T  T  O  T
U  N  D  S  L  Y  Z  X  W  L  A  T  F  E
R  G  D  O  L  S  C  I  M  M  I  A  U  J
O  C  I  M  O  F  J  U  E  S  E  O  N  M
R  R  X  Q  O  L  D  Q  G  S  Q  P  J  N
```

BALENA	GATTO
ASINO	GORILLA
CAVALLO	GIRAFFA
CAMMELLO	LUPO
CANGURO	SCIMMIA
ZEBRA	ORSO
CONIGLIO	PECORA
COYOTE	CANE
DELFINO	TORO
ELEFANTE	VOLPE

100 - Abejas

```
P  R  S  F  T  P  M  I  E  L  E  X  N  B
I  A  C  U  F  I  O  R  I  U  C  T  I  E
A  G  I  M  I  D  O  L  N  R  G  G  M  N
N  U  A  O  O  F  U  S  L  D  S  S  C  E
T  W  M  K  R  W  C  Z  C  I  B  O  E  F
E  P  E  R  I  B  N  O  I  V  N  L  R  I
Q  G  I  A  R  D  I  N  O  E  H  E  A  C
H  B  N  T  E  H  J  S  L  R  A  Q  E  O
K  Z  S  R  E  G  I  N  A  S  B  R  A  F
D  J  E  N  T  M  K  P  K  I  I  K  T  R
T  N  T  X  C  Q  U  R  X  T  T  P  P  U
Z  B  T  D  E  S  Q  M  P  À  A  H  G  T
E  C  O  S  I  S  T  E  M  A  T  C  G  T
H  A  L  I  A  L  V  E  A  R  E  I  W  A
```

ALI	FRUTTA
BENEFICO	HABITAT
CERA	FUMO
ALVEARE	INSETTO
CIBO	GIARDINO
DIVERSITÀ	MIELE
ECOSISTEMA	PIANTE
SCIAME	POLLINE
FIORIRE	REGINA
FIORI	SOLE

1 - Ajedrez

2 - Agua

3 - Granja #2

4 - Mueble

5 - Pesca

6 - Aviones

7 - Tipos de Cabello

8 - Herramientas de Cocina

9 - Ciencia Ficción

10 - Juguetes

11 - Circo

12 - Rellenar

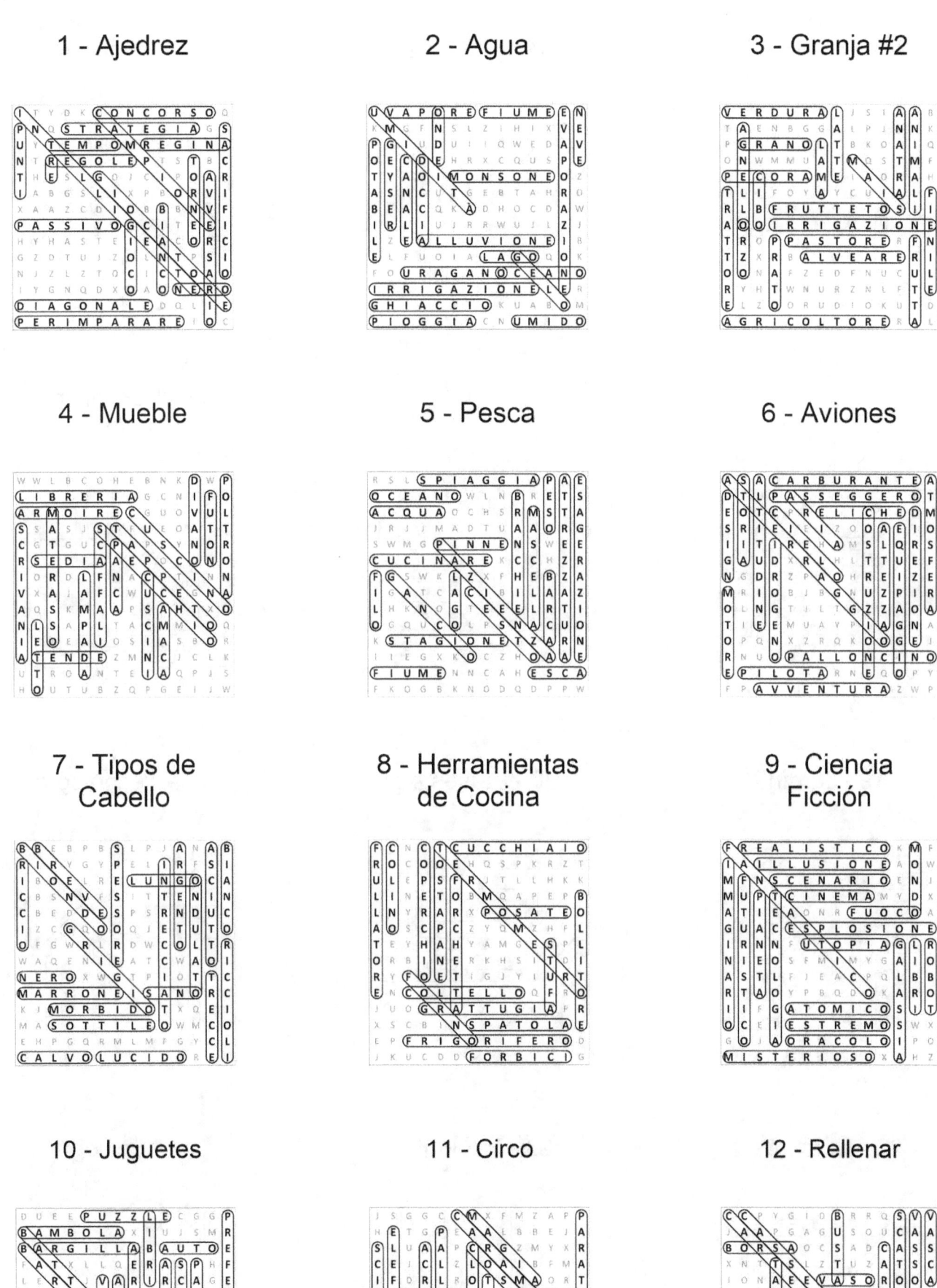

13 - Granja #1

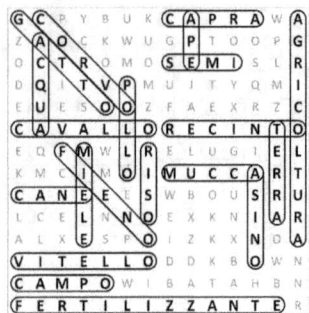

14 - Camping

15 - Fruta

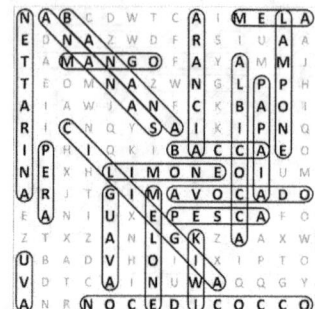

16 - Geología

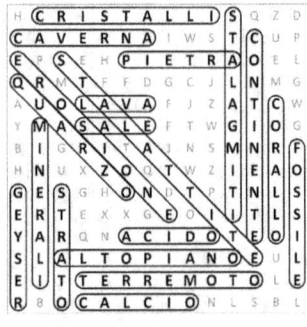

17 - Plantas

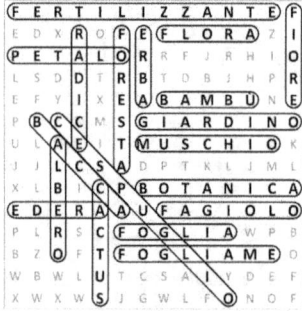

18 - Suministros de Arte

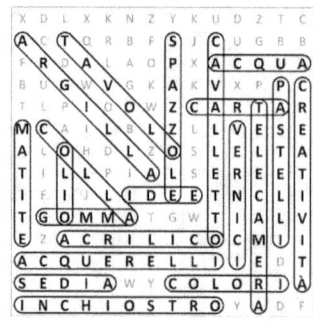

19 - Jardín

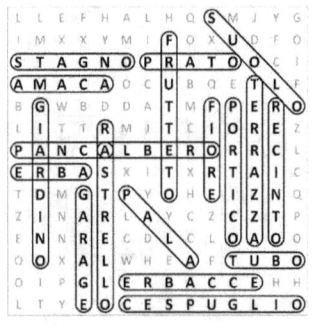

20 - Países #2

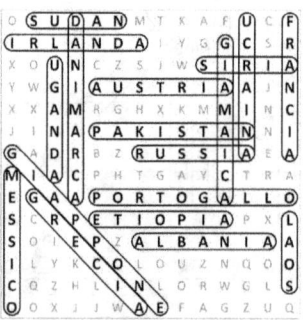

21 - Tecnología

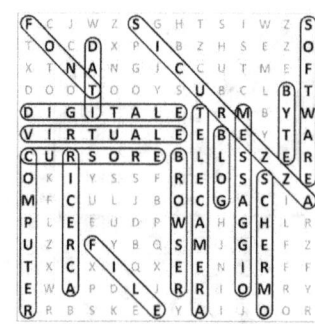

22 - Números

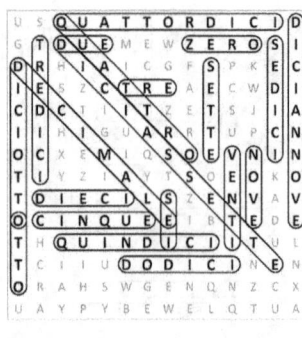

23 - Mitología

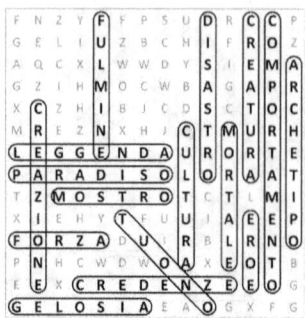

24 - Ecología

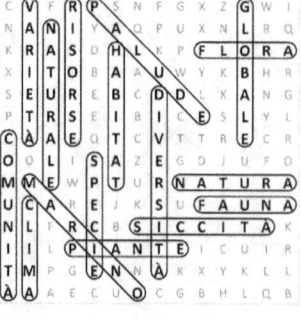

25 - Casa

26 - Artes Visuales

27 - Escuela #2

28 - Selva Tropical

29 - Colores

30 - Adjetivos #1

31 - Familia

32 - Disciplinas Científicas

33 - Gatos

34 - Cocina

35 - Escuela #1

36 - Adjetivos #2

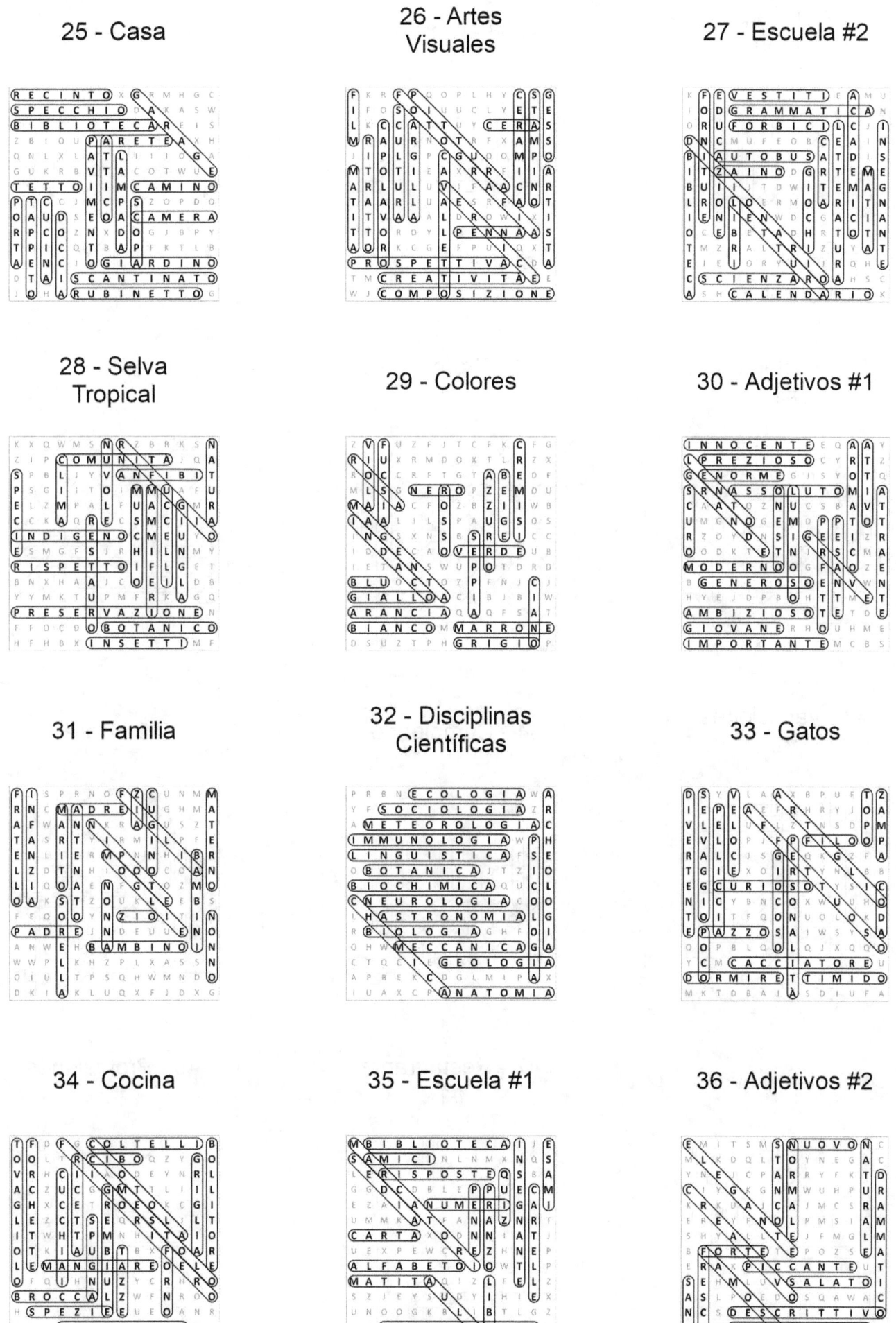

37 - Cuerpo Humano

38 - Ciencia

39 - Dinosaurios

40 - Restaurante #2

41 - Profesiones #1

42 - Vehículos

43 - Vacaciones #2

44 - Cumpleaños

45 - Baile

46 - Matemáticas

47 - Restaurante #1

48 - Profesiones #2

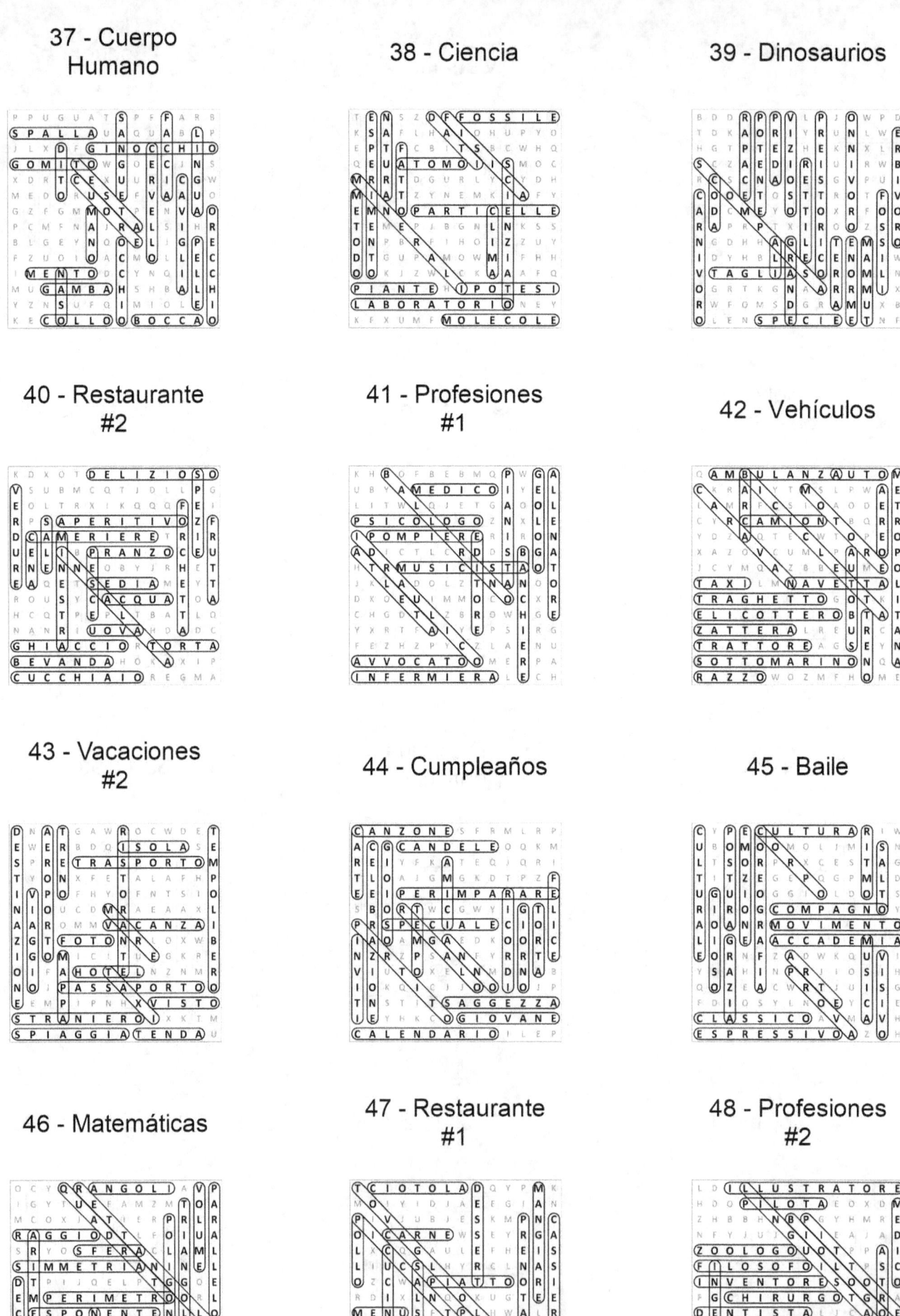

49 - Senderismo

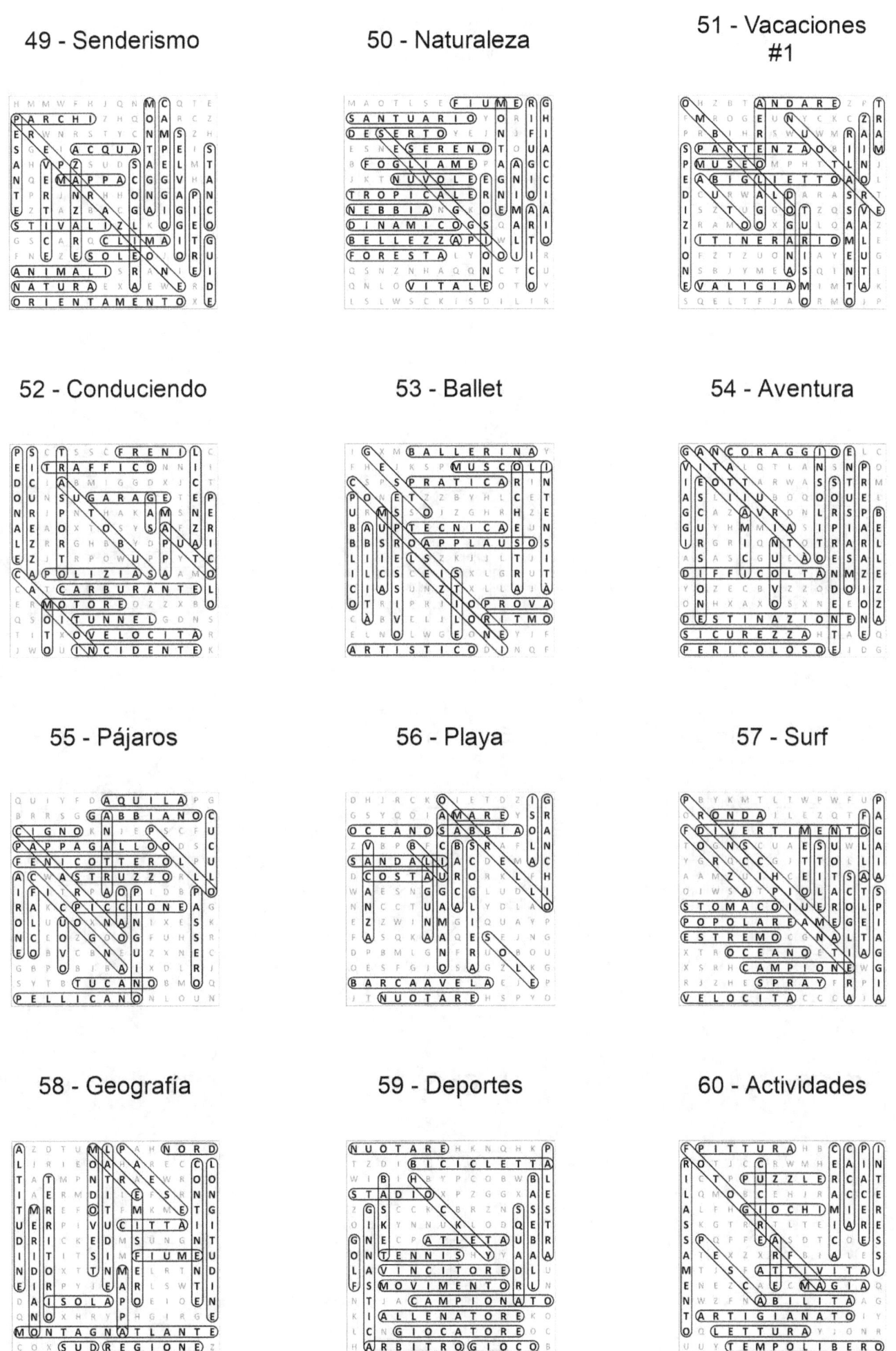

50 - Naturaleza

51 - Vacaciones #1

52 - Conduciendo

53 - Ballet

54 - Aventura

55 - Pájaros

56 - Playa

57 - Surf

58 - Geografía

59 - Deportes

60 - Actividades

61 - Verduras

62 - Instrumentos Musicales

63 - Escalada

64 - Mascotas

65 - Formas

66 - Flores

67 - Astronomía

68 - Tiempo

69 - Paisajes

70 - Días y Meses

71 - Chocolate

72 - Barbacoas

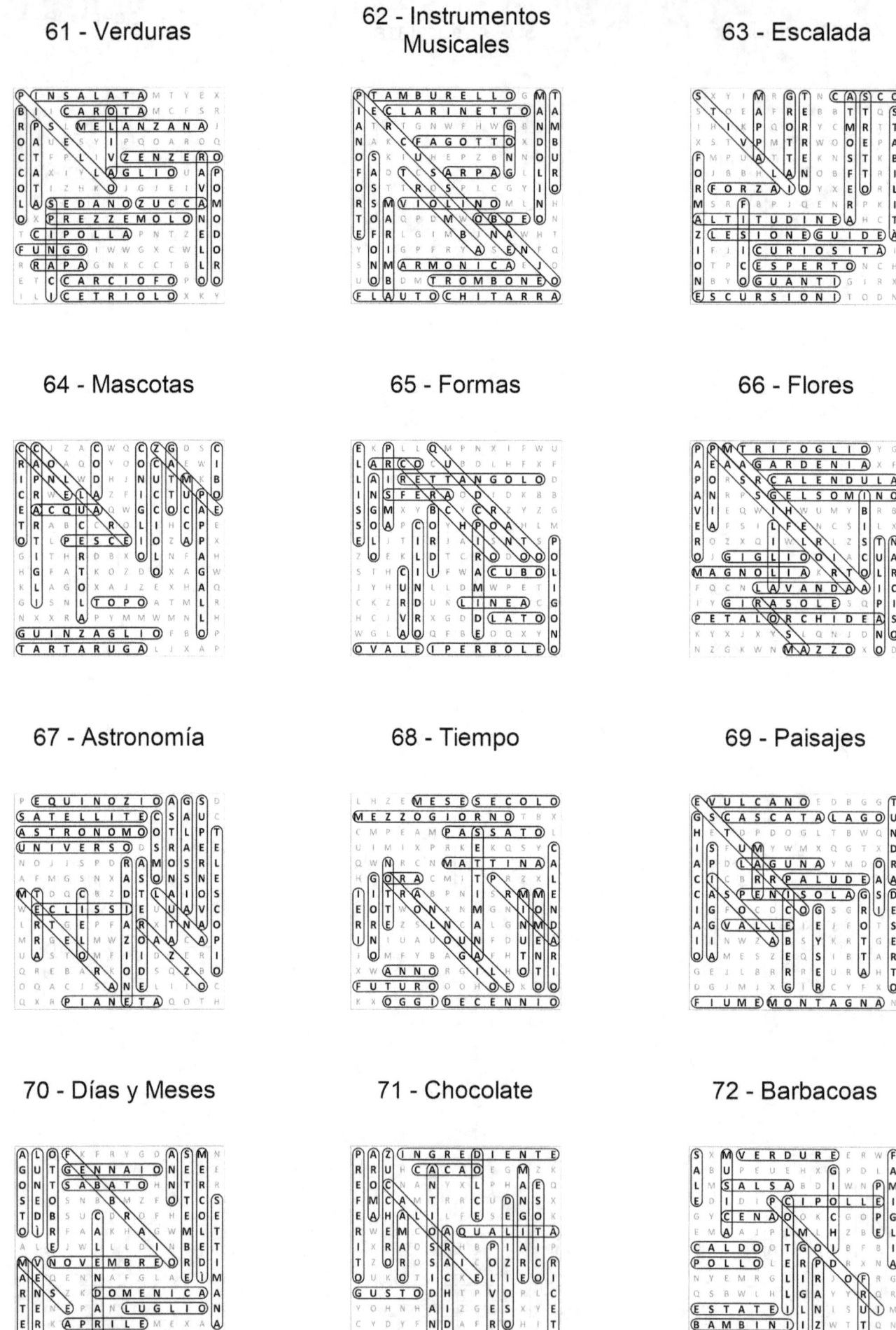

73 - Ropa

74 - Meditación

75 - Libros

76 - Nutrición

77 - Edificios

78 - Océano

79 - Ciudad

80 - Conservación

81 - Campeonato

82 - Actividades y Ocio

83 - Comida #1

84 - Virtudes #1

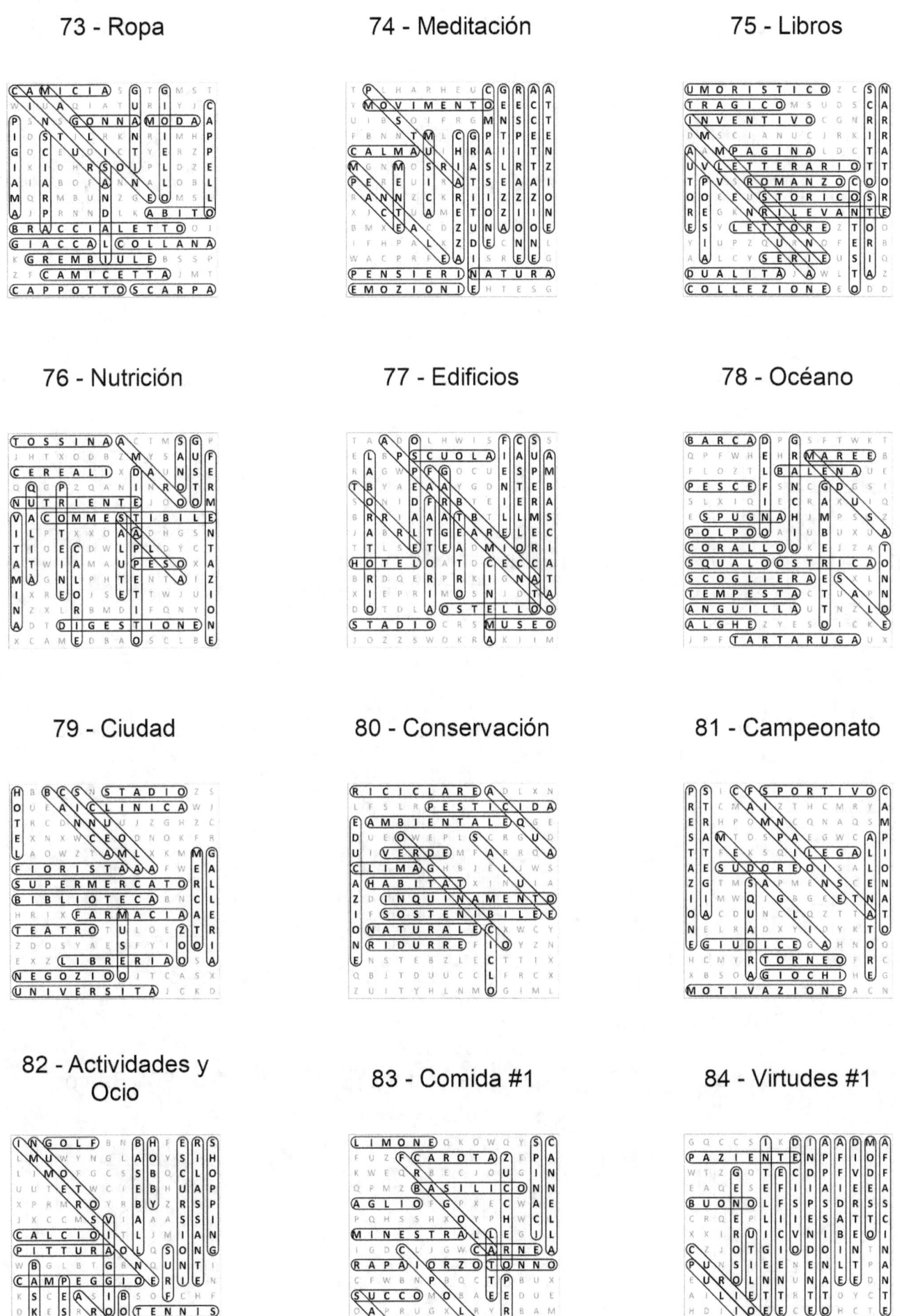

85 - Literatura

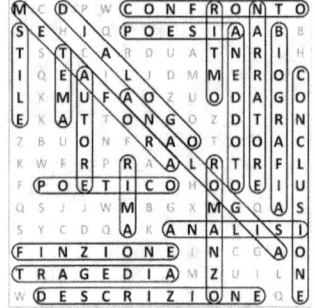

86 - Clima

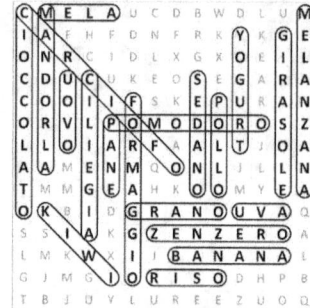

87 - Comida #2

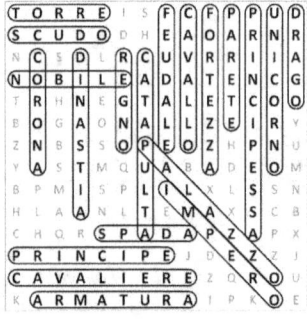

88 - Castillos

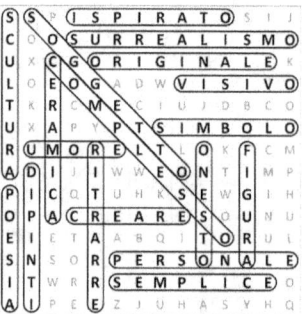

89 - Arte

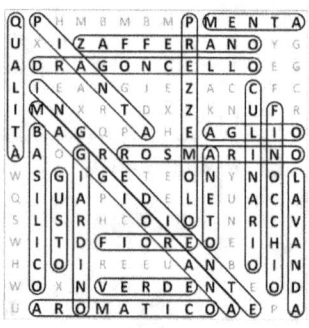

90 - Herboristería

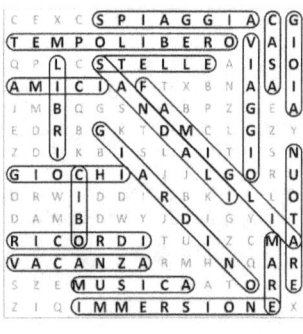

91 - Verano

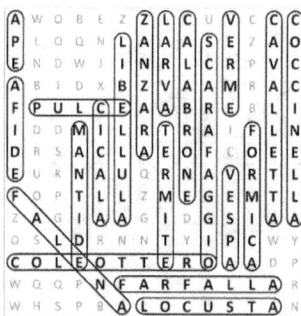

92 - Insectos

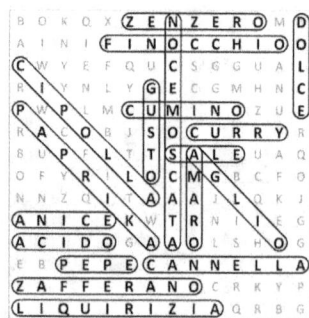

93 - Especias

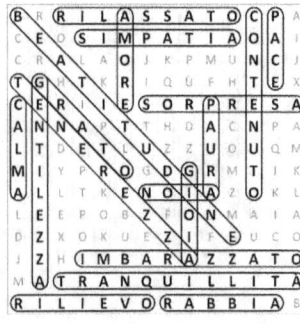

94 - Emociones

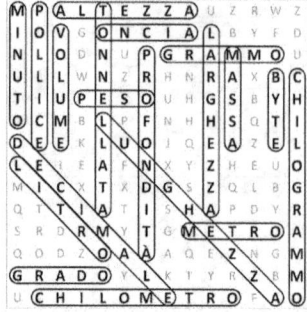

95 - Mediciones

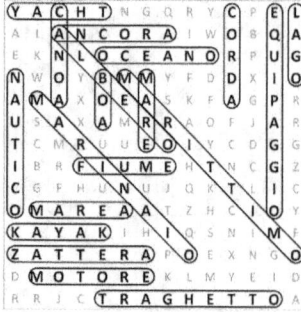

96 - Barcos

97 - Antártida

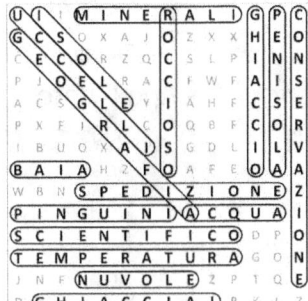

98 - Piratas

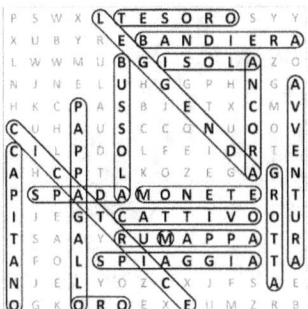

99 - Mamíferos

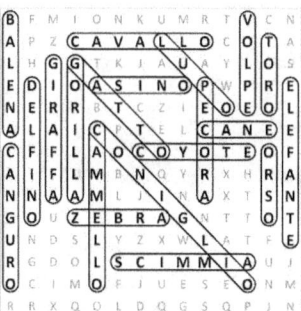

100 - Abejas

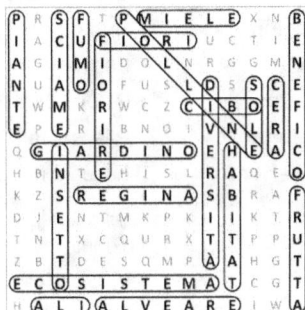

Diccionario

Abejas
Api

Alas	Ali
Beneficioso	Benefico
Cera	Cera
Colmena	Alveare
Comida	Cibo
Diversidad	Diversità
Ecosistema	Ecosistema
Enjambre	Sciame
Flor	Fiorire
Flores	Fiori
Fruta	Frutta
Hábitat	Habitat
Humo	Fumo
Insecto	Insetto
Jardín	Giardino
Miel	Miele
Plantas	Piante
Polen	Polline
Reina	Regina
Sol	Sole

Actividades
Attività

Actividad	Attività
Arte	Arte
Artesanía	Artigianato
Caza	Caccia
Cerámica	Ceramica
Costura	Cucire
Fotografía	Fotografia
Habilidad	Abilità
Intereses	Interessi
Jardinería	Giardinaggio
Juegos	Giochi
Lectura	Lettura
Magia	Magia
Ocio	Tempo Libero
Pesca	Pesca
Pintura	Pittura
Placer	Piacere
Relajación	Rilassamento
Rompecabezas	Puzzle
Senderismo	Escursioni

Actividades y Ocio
Attività e Tempo Libero

Aficiones	Hobby
Arte	Arte
Baloncesto	Basket
Béisbol	Baseball
Boxeo	Boxe
Buceo	Immersione
Camping	Campeggio
Compras	Shopping
Fútbol	Calcio
Golf	Golf
Jardinería	Giardinaggio
Natación	Nuoto
Pesca	Pesca
Pintura	Pittura
Relajante	Rilassante
Senderismo	Escursioni
Surf	Surf
Tenis	Tennis
Viaje	Viaggio
Voleibol	Pallavolo

Adjetivos #1
Aggettivi #1

Absoluto	Assoluto
Activo	Attivo
Ambicioso	Ambizioso
Aromático	Aromatico
Atractivo	Attraente
Brillante	Luminoso
Enorme	Enorme
Generoso	Generoso
Grande	Grande
Honesto	Onesto
Importante	Importante
Inocente	Innocente
Joven	Giovane
Lento	Lento
Moderno	Moderno
Oscuro	Scuro
Perfecto	Perfetto
Pesado	Pesante
Serio	Grave
Valioso	Prezioso

Adjetivos #2
Aggettivi #2

Cansado	Stanco
Comestible	Commestibile
Creativo	Creativo
Descriptivo	Descrittivo
Dramático	Drammatico
Elegante	Elegante
Famoso	Famoso
Fresco	Fresco
Fuerte	Forte
Interesante	Interessante
Natural	Naturale
Normal	Normale
Nuevo	Nuovo
Orgulloso	Orgoglioso
Picante	Piccante
Productivo	Produttivo
Responsable	Responsabile
Salado	Salato
Saludable	Sano
Seco	Asciutto

Agua
Acqua

Canal	Canale
Ducha	Doccia
Evaporación	Evaporazione
Géiser	Geyser
Helada	Gelo
Hielo	Ghiaccio
Humedad	Umidità
Huracán	Uragano
Húmedo	Umido
Inundación	Alluvione
Lago	Lago
Lluvia	Pioggia
Monzón	Monsone
Nieve	Neve
Océano	Oceano
Olas	Onde
Potable	Potabile
Riego	Irrigazione
Río	Fiume
Vapor	Vapore

Ajedrez
Scacchi

Aprender	Per Imparare
Blanco	Bianco
Campeón	Campione
Concurso	Concorso
Diagonal	Diagonale
Estrategia	Strategia
Inteligente	Intelligente
Juego	Gioco
Jugador	Giocatore
Negro	Nero
Oponente	Avversario
Pasivo	Passivo
Puntos	Punti
Reglas	Regole
Reina	Regina
Rey	Re
Sacrificio	Sacrificio
Tiempo	Tempo
Torneo	Torneo

Antártida
Antartide

Agua	Acqua
Bahía	Baia
Científico	Scientifico
Conservación	Conservazione
Continente	Continente
Expedición	Spedizione
Geografía	Geografia
Glaciares	Ghiacciai
Hielo	Ghiaccio
Investigador	Ricercatore
Islas	Isole
Migración	Migrazione
Minerales	Minerali
Nubes	Nuvole
Pájaros	Uccelli
Península	Penisola
Pingüinos	Pinguini
Rocoso	Roccioso
Temperatura	Temperatura
Topografía	Topografia

Arte
Arte

Cerámica	Ceramica
Complejo	Complesso
Composición	Composizione
Crear	Creare
Escultura	Scultura
Expresión	Espressione
Figura	Figura
Honesto	Onesto
Humor	Umore
Inspirado	Ispirato
Original	Originale
Personal	Personale
Pinturas	Dipinti
Poesía	Poesia
Retratar	Ritrarre
Sencillo	Semplice
Símbolo	Simbolo
Surrealismo	Surrealismo
Tema	Soggetto
Visual	Visivo

Artes Visuales
Arti Visive

Arcilla	Argilla
Arquitectura	Architettura
Artista	Artista
Barniz	Vernice
Caballete	Cavalletto
Cera	Cera
Cerámica	Ceramica
Composición	Composizione
Creatividad	Creatività
Escultura	Scultura
Fotografía	Fotografia
Lápiz	Matita
Obra Maestra	Capolavoro
Película	Film
Perspectiva	Prospettiva
Pintura	Pittura
Plantilla	Stampino
Pluma	Penna
Retrato	Ritratto
Tiza	Gesso

Astronomía
Astronomia

Asteroide	Asteroide
Astronauta	Astronauta
Astrónomo	Astronomo
Cielo	Cielo
Cohete	Razzo
Constelación	Costellazione
Cosmos	Cosmo
Eclipse	Eclissi
Equinoccio	Equinozio
Galaxia	Galassia
Luna	Luna
Meteoro	Meteora
Observatorio	Osservatorio
Planeta	Pianeta
Radiación	Radiazione
Satélite	Satellite
Supernova	Supernova
Telescopio	Telescopio
Tierra	Terra
Universo	Universo

Aventura
Avventura

Actividad	Attività
Alegría	Gioia
Amigos	Amici
Belleza	Bellezza
Destino	Destinazione
Dificultad	Difficoltà
Entusiasmo	Entusiasmo
Excursión	Escursione
Inusual	Insolito
Itinerario	Itinerario
Naturaleza	Natura
Navegación	Navigazione
Nuevo	Nuovo
Oportunidad	Opportunità
Peligroso	Pericoloso
Preparación	Preparazione
Seguridad	Sicurezza
Sorprendente	Sorprendente
Valentía	Coraggio
Viajes	Viaggi

Aviones
Aeroplani

Aire	Aria
Altitud	Altitudine
Altura	Altezza
Aterrizaje	Atterraggio
Atmósfera	Atmosfera
Aventura	Avventura
Cielo	Cielo
Combustible	Carburante
Construcción	Costruzione
Dirección	Direzione
Diseño	Design
Globo	Palloncino
Hélices	Eliche
Hidrógeno	Idrogeno
Historia	Storia
Motor	Motore
Pasajero	Passeggero
Piloto	Pilota
Tripulación	Equipaggio
Turbulencia	Turbolenza

Baile
Danza

Academia	Accademia
Alegre	Gioioso
Arte	Arte
Clásico	Classico
Coreografía	Coreografia
Cuerpo	Corpo
Cultura	Cultura
Cultural	Culturale
Emoción	Emozione
Ensayo	Prova
Expresivo	Espressivo
Gracia	Grazia
Movimiento	Movimento
Música	Musica
Postura	Postura
Ritmo	Ritmo
Saltar	Salto
Socio	Compagno
Tradicional	Tradizionale
Visual	Visivo

Ballet
Balletto

Aplauso	Applauso
Artístico	Artistico
Audiencia	Pubblico
Bailarina	Ballerina
Bailarines	Ballerini
Compositor	Compositore
Coreografía	Coreografia
Ensayo	Prova
Estilo	Stile
Expresivo	Espressivo
Gesto	Gesto
Habilidad	Abilità
Intensidad	Intensità
Lecciones	Lezioni
Músculos	Muscoli
Música	Musica
Orquesta	Orchestra
Práctica	Pratica
Ritmo	Ritmo
Técnica	Tecnica

Barbacoas
Barbecue

Almuerzo	Pranzo
Caliente	Caldo
Cebollas	Cipolle
Cena	Cena
Cuchillos	Coltelli
Ensaladas	Insalate
Familia	Famiglia
Fruta	Frutta
Hambre	Fame
Juegos	Giochi
Música	Musica
Niños	Bambini
Parrilla	Griglia
Pimienta	Pepe
Pollo	Pollo
Sal	Sale
Salsa	Salsa
Tomates	Pomodori
Verano	Estate
Verduras	Verdure

Barcos
Imbarcazioni

Ancla	Ancora
Balsa	Zattera
Boya	Boa
Canoa	Canoa
Cuerda	Corda
Ferry	Traghetto
Kayak	Kayak
Lago	Lago
Mar	Mare
Marea	Marea
Marinero	Marinaio
Marítimo	Marittimo
Mástil	Albero
Motor	Motore
Náutico	Nautico
Océano	Oceano
Río	Fiume
Tripulación	Equipaggio
Velero	Barca a Vela
Yate	Yacht

Campeonato
Campionato

Campeonato	Campionato
Campeón	Campione
Deportes	Sportivo
Entrenador	Allenatore
Equipo	Squadra
Estrategia	Strategia
Finalista	Finalista
Juegos	Giochi
Juez	Giudice
Liga	Lega
Medalla	Medaglia
Motivación	Motivazione
Rendimiento	Prestazione
Resistencia	Resistenza
Torneo	Torneo
Transpiración	Sudore
Victoria	Vittoria

Camping
Campeggio

Animales	Animali
Aventura	Avventura
Árboles	Alberi
Bosque	Foresta
Brújula	Bussola
Cabina	Cabina
Canoa	Canoa
Caza	Caccia
Cuerda	Corda
Equipo	Attrezzatura
Fuego	Fuoco
Hamaca	Amaca
Insecto	Insetto
Lago	Lago
Linterna	Lanterna
Luna	Luna
Mapa	Mappa
Montaña	Montagna
Naturaleza	Natura
Sombrero	Cappello

Casa
Casa

Alfombra	Tappeto
Ático	Attico
Biblioteca	Biblioteca
Chimenea	Camino
Cocina	Cucina
Ducha	Doccia
Escoba	Scopa
Espejo	Specchio
Garaje	Garage
Grifo	Rubinetto
Habitación	Camera
Jardín	Giardino
Lámpara	Lampada
Pared	Parete
Piso	Pavimento
Puerta	Porta
Sótano	Scantinato
Techo	Tetto
Valla	Recinto
Ventana	Finestra

Castillos
Castelli

Armadura	Armatura
Caballero	Cavaliere
Caballo	Cavallo
Catapulta	Catapulta
Corona	Corona
Dinastía	Dinastia
Dragón	Drago
Escudo	Scudo
Espada	Spada
Feudal	Feudale
Fortaleza	Fortezza
Imperio	Impero
Noble	Nobile
Palacio	Palazzo
Pared	Parete
Princesa	Principessa
Príncipe	Principe
Reino	Regno
Torre	Torre
Unicornio	Unicorno

Chocolate
Cioccolato

Amargo	Amaro
Antioxidante	Antiossidante
Aroma	Aroma
Artesanal	Artigianale
Azúcar	Zucchero
Cacahuetes	Arachidi
Cacao	Cacao
Calidad	Qualità
Calorías	Calorie
Caramelo	Caramello
Coco	Noce di Cocco
Comer	Mangiare
Delicioso	Delizioso
Dulce	Dolce
Exótico	Esotico
Favorito	Preferito
Gusto	Gusto
Ingrediente	Ingrediente
Polvo	Polvere
Receta	Ricetta

Ciencia
Scienza

Átomo	Atomo
Científico	Scienziato
Clima	Clima
Datos	Dati
Evolución	Evoluzione
Experimento	Esperimento
Física	Fisica
Fósil	Fossile
Gravedad	Gravità
Hecho	Fatto
Hipótesis	Ipotesi
Laboratorio	Laboratorio
Método	Metodo
Minerales	Minerali
Moléculas	Molecole
Naturaleza	Natura
Organismo	Organismo
Partículas	Particelle
Plantas	Piante
Químico	Chimico

Ciencia Ficción
Fantascienza

Atómico	Atomico
Cine	Cinema
Escenario	Scenario
Explosión	Esplosione
Extremo	Estremo
Fantástico	Fantastico
Fuego	Fuoco
Futurista	Futuristico
Galaxia	Galassia
Ilusión	Illusione
Imaginario	Immaginario
Libros	Libri
Misterioso	Misterioso
Mundo	Mondo
Oráculo	Oracolo
Planeta	Pianeta
Realista	Realistico
Robots	Robot
Tecnología	Tecnologia
Utopía	Utopia

Circo
Circo

Acróbata	Acrobata
Animales	Animali
Caramelo	Caramella
Carpa	Tenda
Desfile	Parata
Elefante	Elefante
Entretener	Intrattenere
Espectador	Spettatore
Globos	Palloncini
León	Leone
Magia	Magia
Mago	Mago
Malabarista	Giocoliere
Mono	Scimmia
Mostrar	Mostrare
Música	Musica
Payaso	Clown
Tigre	Tigre
Traje	Costume
Truco	Trucco

Ciudad
Città

Aeropuerto	Aeroporto
Banco	Banca
Biblioteca	Biblioteca
Cine	Cinema
Clínica	Clinica
Escuela	Scuola
Estadio	Stadio
Farmacia	Farmacia
Florista	Fiorista
Galería	Galleria
Hotel	Hotel
Librería	Libreria
Mercado	Mercato
Museo	Museo
Panadería	Panetteria
Supermercado	Supermercato
Teatro	Teatro
Tienda	Negozio
Universidad	Università
Zoo	Zoo

Clima
Meteo

Atmósfera	Atmosfera
Brisa	Brezza
Cielo	Cielo
Clima	Clima
Hielo	Ghiaccio
Huracán	Uragano
Inundación	Alluvione
Monzón	Monsone
Niebla	Nebbia
Nube	Nube
Polar	Polare
Rayo	Fulmine
Seco	Asciutto
Sequía	Siccità
Temperatura	Temperatura
Tormenta	Tempesta
Tornado	Tornado
Tropical	Tropicale
Trueno	Tuono
Viento	Vento

Cocina
Cucina

Caldera	Bollitore
Comer	Mangiare
Comida	Cibo
Congelador	Congelatore
Cucharas	Cucchiai
Cucharón	Mestolo
Cuchillos	Coltelli
Delantal	Grembiule
Especias	Spezie
Esponja	Spugna
Horno	Forno
Jarra	Brocca
Palillos	Bacchette
Parrilla	Griglia
Receta	Ricetta
Refrigerador	Frigorifero
Servilleta	Tovagliolo
Tazas	Tazze
Tazón	Ciotola
Tenedores	Forchette

Colores
Colori

Amarillo	Giallo
Azul	Blu
Azur	Azzurro
Beige	Beige
Blanco	Bianco
Carmesí	Cremisi
Cian	Ciano
Fucsia	Fucsia
Gris	Grigio
Índigo	Indaco
Magenta	Magenta
Marrón	Marrone
Naranja	Arancia
Negro	Nero
Púrpura	Viola
Rojo	Rosso
Rosa	Rosa
Sepia	Seppia
Verde	Verde

Comida #1
Cibo #1

Ajo	Aglio
Albahaca	Basilico
Atún	Tonno
Azúcar	Zucchero
Canela	Cannella
Carne	Carne
Cebada	Orzo
Cebolla	Cipolla
Ensalada	Insalata
Espinacas	Spinaci
Fresa	Fragola
Jugo	Succo
Leche	Latte
Limón	Limone
Menta	Menta
Nabo	Rapa
Pera	Pera
Sal	Sale
Sopa	Minestra
Zanahoria	Carota

Comida #2
Cibo #2

Alcachofa	Carciofo
Almendra	Mandorla
Apio	Sedano
Arroz	Riso
Berenjena	Melanzana
Cereza	Ciliegia
Chocolate	Cioccolato
Girasol	Girasole
Huevo	Uovo
Jengibre	Zenzero
Kiwi	Kiwi
Manzana	Mela
Pan	Pane
Plátano	Banana
Pollo	Pollo
Queso	Formaggio
Tomate	Pomodoro
Trigo	Grano
Uva	Uva
Yogur	Yogurt

Conduciendo
Guida

Accidente	Incidente
Autobús	Autobus
Camión	Camion
Coche	Auto
Combustible	Carburante
Frenos	Freni
Garaje	Garage
Gas	Gas
Licencia	Licenza
Mapa	Mappa
Motocicleta	Moto
Motor	Motore
Peatonal	Pedonale
Peligro	Pericolo
Policía	Polizia
Seguridad	Sicurezza
Transporte	Trasporto
Tráfico	Traffico
Túnel	Tunnel
Velocidad	Velocità

Conservación
Conservazione

Agua	Acqua
Ambiental	Ambientale
Cambios	Cambiamenti
Ciclo	Ciclo
Clima	Clima
Contaminación	Inquinamento
Ecosistema	Ecosistema
Educación	Educazione
Hábitat	Habitat
Natural	Naturale
Orgánico	Organico
Pesticida	Pesticida
Reciclar	Riciclare
Reducir	Ridurre
Salud	Salute
Sostenible	Sostenibile
Verde	Verde
Voluntario	Volontario

Cuerpo Humano
Corpo Umano

Barbilla	Mento
Boca	Bocca
Cabeza	Testa
Cara	Faccia
Cerebro	Cervello
Codo	Gomito
Corazón	Cuore
Cuello	Collo
Dedo	Dito
Hombro	Spalla
Lengua	Lingua
Mano	Mano
Nariz	Naso
Ojo	Occhio
Oreja	Orecchio
Piel	Pelle
Pierna	Gamba
Rodilla	Ginocchio
Sangre	Sangue
Tobillo	Caviglia

Cumpleaños
Compleanno

Alegre	Gioioso
Amigos	Amici
Año	Anno
Aprender	Per Imparare
Calendario	Calendario
Canción	Canzone
Celebración	Celebrazione
Día	Giorno
Especial	Speciale
Feliz	Felice
Invitaciones	Inviti
Joven	Giovane
Partido	Partito
Pastel	Torta
Recuerdos	Ricordi
Regalo	Regalo
Sabiduría	Saggezza
Tarjetas	Carte
Tiempo	Tempo
Velas	Candele

Deportes
Sport

Atleta	Atleta
Árbitro	Arbitro
Baloncesto	Basket
Béisbol	Baseball
Bicicleta	Bicicletta
Campeonato	Campionato
Entrenador	Allenatore
Equipo	Squadra
Estadio	Stadio
Ganador	Vincitore
Gimnasia	Ginnastica
Gimnasio	Palestra
Golf	Golf
Hockey	Hockey
Juego	Gioco
Jugador	Giocatore
Movimiento	Movimento
Nadar	Nuotare
Tenis	Tennis

Dinosaurios
Dinosauri

Alas	Ali
Carnívoro	Carnivoro
Cola	Coda
Desaparición	Scomparsa
Enorme	Enorme
Especie	Specie
Evolución	Evoluzione
Fósiles	Fossili
Grande	Grande
Herbívoro	Erbivoro
Mamut	Mammut
Omnívoro	Onnivoro
Poderoso	Potente
Prehistórico	Preistorico
Presa	Preda
Raptor	Rapace
Reptil	Rettile
Tamaño	Taglia
Tierra	Terra
Vicioso	Vizioso

Disciplinas Científicas
Discipline Scientifiche

Anatomía	Anatomia
Arqueología	Archeologia
Astronomía	Astronomia
Biología	Biologia
Bioquímica	Biochimica
Botánica	Botanica
Ecología	Ecologia
Fisiología	Fisiologia
Geología	Geologia
Inmunología	Immunologia
Lingüística	Linguistica
Mecánica	Meccanica
Meteorología	Meteorologia
Mineralogía	Mineralogia
Neurología	Neurologia
Psicología	Psicologia
Química	Chimica
Sociología	Sociologia
Termodinámica	Termodinamica
Zoología	Zoologia

Días y Meses
Giorni e Mesi

Abril	Aprile
Agosto	Agosto
Año	Anno
Calendario	Calendario
Domingo	Domenica
Enero	Gennaio
Febrero	Febbraio
Jueves	Giovedì
Julio	Luglio
Junio	Giugno
Lunes	Lunedì
Martes	Martedì
Mes	Mese
Miércoles	Mercoledì
Noviembre	Novembre
Octubre	Ottobre
Sábado	Sabato
Semana	Settimana
Septiembre	Settembre
Viernes	Venerdì

Ecología
Ecologia

Clima	Clima
Comunidades	Comunità
Diversidad	Diversità
Especie	Specie
Fauna	Fauna
Flora	Flora
Global	Globale
Hábitat	Habitat
Marino	Marino
Natural	Naturale
Naturaleza	Natura
Pantano	Palude
Plantas	Piante
Recursos	Risorse
Sequía	Siccità
Sostenible	Sostenibile
Supervivencia	Sopravvivenza
Variedad	Varietà
Vegetación	Vegetazione
Voluntarios	Volontari

Edificios
Edifici

Albergue	Ostello
Apartamento	Appartamento
Castillo	Castello
Cine	Cinema
Embajada	Ambasciata
Escuela	Scuola
Estadio	Stadio
Fábrica	Fabbrica
Garaje	Garage
Granero	Fienile
Granja	Fattoria
Hospital	Ospedale
Hotel	Hotel
Laboratorio	Laboratorio
Museo	Museo
Observatorio	Osservatorio
Supermercado	Supermercato
Teatro	Teatro
Torre	Torre
Universidad	Università

Emociones
Emozioni

Aburrimiento	Noia
Agradecido	Grato
Alegría	Gioia
Alivio	Rilievo
Amor	Amore
Avergonzado	Imbarazzato
Beatitud	Beatitudine
Bondad	Gentilezza
Calma	Calma
Contenido	Contenuto
Ira	Rabbia
Miedo	Paura
Paz	Pace
Relajado	Rilassato
Satisfecho	Soddisfatto
Simpatía	Simpatia
Sorpresa	Sorpresa
Ternura	Tenerezza
Tranquilidad	Tranquillità
Tristeza	Tristezza

Escalada
Arrampicata

Altitud	Altitudine
Atmósfera	Atmosfera
Botas	Stivali
Casco	Casco
Cueva	Grotta
Curiosidad	Curiosità
Estabilidad	Stabilità
Estrecho	Stretto
Experto	Esperto
Físico	Fisico
Formación	Formazione
Fuerza	Forza
Guantes	Guanti
Guías	Guide
Lesión	Lesione
Mapa	Mappa
Senderismo	Escursioni
Terreno	Terreno

Escuela #1
Scuola #1

Alfabeto	Alfabeto
Almuerzo	Pranzo
Amigos	Amici
Aprender	Per Imparare
Aula	Aula
Biblioteca	Biblioteca
Carpetas	Cartelle
Escritorio	Scrivania
Examen	Quiz
Exámenes	Esami
Lápiz	Matita
Libros	Libri
Marcadores	Marcatori
Matemática	Matematica
Números	Numeri
Papel	Carta
Plumas	Penne
Profesor	Insegnante
Respuestas	Risposte
Silla	Sedia

Escuela #2
Scuola #2

Académico	Accademico
Autobús	Autobus
Biblioteca	Biblioteca
Calendario	Calendario
Ciencia	Scienza
Diccionario	Dizionario
Educación	Educazione
Gramática	Grammatica
Juegos	Giochi
Lápiz	Matita
Lectura	Lettura
Libros	Libri
Literatura	Letteratura
Mochila	Zaino
Ordenador	Computer
Papel	Carta
Profesor	Insegnante
Ropa	Vestiti
Suministros	Forniture
Tijeras	Forbici

Especias
Spezie

Agrio	Acido
Ajo	Aglio
Amargo	Amaro
Anís	Anice
Azafrán	Zafferano
Canela	Cannella
Cardamomo	Cardamomo
Cebolla	Cipolla
Comino	Cumino
Curry	Curry
Dulce	Dolce
Hinojo	Finocchio
Jengibre	Zenzero
Nuez Moscada	Noce Moscata
Pimentón	Paprika
Pimienta	Pepe
Regaliz	Liquirizia
Sabor	Gusto
Sal	Sale
Vainilla	Vaniglia

Familia
Famiglia

Abuela	Nonna
Abuelo	Nonno
Antepasado	Antenato
Esposa	Moglie
Hermana	Sorella
Hermano	Fratello
Hija	Figlia
Infancia	Infanzia
Madre	Madre
Marido	Marito
Materno	Materno
Nieto	Nipote
Niño	Bambino
Niños	Bambini
Padre	Padre
Primo	Cugino
Sobrina	Nipote
Sobrino	Nipote
Tía	Zia
Tío	Zio

Flores
Fiori

Amapola	Papavero
Caléndula	Calendula
Gardenia	Gardenia
Girasol	Girasole
Hibisco	Ibisco
Jazmín	Gelsomino
Lavanda	Lavanda
Lila	Lilla
Lirio	Giglio
Magnolia	Magnolia
Margarita	Margherita
Narciso	Narciso
Orquídea	Orchidea
Pasionaria	Passiflora
Peonía	Peonia
Pétalo	Petalo
Ramo	Mazzo
Rosa	Rosa
Trébol	Trifoglio
Tulipán	Tulipano

Formas
Forme

Arco	Arco
Bordes	Bordi
Cilindro	Cilindro
Círculo	Cerchio
Cono	Cono
Cuadrado	Quadrato
Cubo	Cubo
Curva	Curva
Elipse	Ellisse
Esfera	Sfera
Esquina	Angolo
Hipérbola	Iperbole
Lado	Lato
Línea	Linea
Oval	Ovale
Pirámide	Piramide
Polígono	Poligono
Prisma	Prisma
Rectángulo	Rettangolo
Triángulo	Triangolo

Fruta
Frutta

Aguacate	Avocado
Albaricoque	Albicocca
Baya	Bacca
Cereza	Ciliegia
Coco	Noce di Cocco
Frambuesa	Lampone
Guayaba	Guava
Kiwi	Kiwi
Limón	Limone
Mango	Mango
Manzana	Mela
Melocotón	Pesca
Melón	Melone
Naranja	Arancia
Nectarina	Nettarina
Papaya	Papaia
Pera	Pera
Piña	Ananas
Plátano	Banana
Uva	Uva

Gatos
Gatti

Afectuoso	Affettuoso
Cazador	Cacciatore
Cola	Coda
Curioso	Curioso
Dormir	Dormire
Garra	Artiglio
Gracioso	Divertente
Hilo	Filo
Independiente	Indipendente
Juguetón	Giocoso
Loco	Pazzo
Pata	Zampa
Personalidad	Personalità
Piel	Pelliccia
Poco	Poco
Ratón	Topo
Rápido	Veloce
Salvaje	Selvaggio
Tímido	Timido

Geografía
Geografia

Altitud	Altitudine
Atlas	Atlante
Ciudad	Città
Continente	Continente
Hemisferio	Emisfero
Isla	Isola
Latitud	Latitudine
Longitud	Longitudine
Mapa	Mappa
Mar	Mare
Meridiano	Meridiano
Montaña	Montagna
Mundo	Mondo
Norte	Nord
Oeste	Ovest
País	Paese
Región	Regione
Río	Fiume
Sur	Sud
Territorio	Territorio

Geología
Geologia

Ácido	Acido
Calcio	Calcio
Capa	Strato
Caverna	Caverna
Continente	Continente
Coral	Corallo
Cristales	Cristalli
Cuarzo	Quarzo
Erosión	Erosione
Estalactita	Stalattite
Estalagmitas	Stalagmiti
Fósil	Fossile
Géiser	Geyser
Lava	Lava
Meseta	Altopiano
Minerales	Minerali
Piedra	Pietra
Sal	Sale
Terremoto	Terremoto
Volcán	Vulcano

Granja #1
Fattoria #1

Abeja	Ape
Agricultura	Agricoltura
Agua	Acqua
Arroz	Riso
Burro	Asino
Caballo	Cavallo
Cabra	Capra
Campo	Campo
Cuervo	Corvo
Fertilizante	Fertilizzante
Gato	Gatto
Heno	Fieno
Miel	Miele
Perro	Cane
Pollo	Pollo
Semillas	Semi
Ternero	Vitello
Tierra	Terra
Vaca	Mucca
Valla	Recinto

Granja #2
Fattoria #2

Agricultor	Agricoltore
Animales	Animali
Cebada	Orzo
Colmena	Alveare
Comida	Cibo
Cordero	Agnello
Fruta	Frutta
Granero	Fienile
Huerto	Frutteto
Leche	Latte
Llama	Lama
Maíz	Mais
Oveja	Pecora
Pastor	Pastore
Pato	Anatra
Prado	Prato
Riego	Irrigazione
Tractor	Trattore
Trigo	Grano
Vegetal	Verdura

Herboristería
Erboristeria

Ajo	Aglio
Albahaca	Basilico
Aromático	Aromatico
Azafrán	Zafferano
Calidad	Qualità
Culinario	Culinario
Eneldo	Aneto
Estragón	Dragoncello
Flor	Fiore
Hinojo	Finocchio
Ingrediente	Ingrediente
Jardín	Giardino
Lavanda	Lavanda
Mejorana	Maggiorana
Menta	Menta
Perejil	Prezzemolo
Planta	Pianta
Romero	Rosmarino
Sabor	Gusto
Verde	Verde

Herramientas de Cocina
Strumenti di Cottura

Batidora	Frullatore
Caldera	Bollitore
Colador	Colino
Cubertería	Posate
Cuchara	Cucchiaio
Cuchillo	Coltello
Espátula	Spatola
Estufa	Stufa
Exprimidor	Spremiagrumi
Horno	Forno
Ralladador	Grattugia
Refrigerador	Frigorifero
Tapa	Coperchio
Tenedor	Forchetta
Termómetro	Termometro
Tijeras	Forbici
Tostadora	Tostapane

Insectos
Insetti

Abeja	Ape
Avispa	Vespa
Avispón	Calabrone
Áfido	Afide
Cigarra	Cicala
Cucaracha	Scarafaggio
Escarabajo	Coleottero
Gusano	Verme
Hormiga	Formica
Langosta	Locusta
Larva	Larva
Libélula	Libellula
Mantis	Mantide
Mariposa	Farfalla
Mariquita	Coccinella
Mosquito	Zanzara
Polilla	Falena
Pulga	Pulce
Saltamontes	Cavalletta
Termita	Termite

Instrumentos Musicales
Strumenti Musicali

Armónica	Armonica
Arpa	Arpa
Banjo	Banjo
Clarinete	Clarinetto
Fagot	Fagotto
Flauta	Flauto
Gong	Gong
Guitarra	Chitarra
Mandolina	Mandolino
Marimba	Marimba
Oboe	Oboe
Pandereta	Tamburello
Percusión	Percussione
Piano	Pianoforte
Saxofón	Sassofono
Tambor	Tamburo
Trombón	Trombone
Trompeta	Tromba
Violín	Violino
Violonchelo	Violoncello

Jardín
Giardino

Arbusto	Cespuglio
Árbol	Albero
Banco	Panca
Césped	Prato
Estanque	Stagno
Flor	Fiore
Garaje	Garage
Hamaca	Amaca
Hierba	Erba
Huerto	Frutteto
Jardín	Giardino
Malezas	Erbacce
Manguera	Tubo
Pala	Pala
Porche	Portico
Rastrillo	Rastrello
Suelo	Suolo
Terraza	Terrazza
Trampolín	Trampolino
Valla	Recinto

Juguetes
Giocattoli

Ajedrez	Scacchi
Arcilla	Argilla
Artesanía	Artigianato
Avión	Aereo
Barco	Barca
Bicicleta	Bicicletta
Bola	Palla
Camión	Camion
Coche	Auto
Cometa	Aquilone
Favorito	Preferito
Imaginación	Immaginazione
Juegos	Giochi
Libros	Libri
Muñeca	Bambola
Pinturas	Vernici
Robot	Robot
Rompecabezas	Puzzle
Tambores	Batteria
Tren	Treno

Libros
Libri

Autor	Autore
Aventura	Avventura
Colección	Collezione
Contexto	Contesto
Dualidad	Dualità
Escrito	Scritto
Historia	Storia
Histórico	Storico
Humorístico	Umoristico
Inmersión	Immersione
Inventivo	Inventivo
Lector	Lettore
Literario	Letterario
Narrador	Narratore
Novela	Romanzo
Página	Pagina
Pertinente	Rilevante
Poesía	Poesia
Serie	Serie
Trágico	Tragico

Literatura
Letteratura

Analogía	Analogia
Análisis	Analisi
Anécdota	Aneddoto
Autor	Autore
Biografía	Biografia
Comparación	Confronto
Conclusión	Conclusione
Descripción	Descrizione
Diálogo	Dialogo
Estilo	Stile
Ficción	Finzione
Metáfora	Metafora
Narrador	Narratore
Novela	Romanzo
Poema	Poesia
Poético	Poetico
Rima	Rima
Ritmo	Ritmo
Tema	Tema
Tragedia	Tragedia

Mamíferos
Mammiferi

Ballena	Balena
Burro	Asino
Caballo	Cavallo
Camello	Cammello
Canguro	Canguro
Cebra	Zebra
Conejo	Coniglio
Coyote	Coyote
Delfín	Delfino
Elefante	Elefante
Gato	Gatto
Gorila	Gorilla
Jirafa	Giraffa
Lobo	Lupo
Mono	Scimmia
Oso	Orso
Oveja	Pecora
Perro	Cane
Toro	Toro
Zorro	Volpe

Mascotas
Animali Domestici

Agua	Acqua
Cabra	Capra
Cachorro	Cucciolo
Cola	Coda
Collar	Collare
Comida	Cibo
Conejo	Coniglio
Correa	Guinzaglio
Garras	Artigli
Gato	Gatto
Hámster	Criceto
Lagarto	Lucertola
Loro	Pappagallo
Patas	Zampe
Perro	Cane
Pescado	Pesce
Ratón	Topo
Tortuga	Tartaruga
Vaca	Mucca
Veterinario	Veterinario

Matemáticas
Matematica

Aritmética	Aritmetica
Ángulos	Angoli
Circunferencia	Circonferenza
Cuadrado	Quadrato
Decimal	Decimale
Diámetro	Diametro
Ecuación	Equazione
Esfera	Sfera
Exponente	Esponente
Fracción	Frazione
Geometría	Geometria
Números	Numeri
Paralelo	Parallelo
Perímetro	Perimetro
Polígono	Poligono
Radio	Raggio
Rectángulo	Rettangolo
Simetría	Simmetria
Triángulo	Triangolo
Volumen	Volume

Mediciones
Misurazioni

Altura	Altezza
Ancho	Larghezza
Byte	Byte
Centímetro	Centimetro
Decimal	Decimale
Grado	Grado
Gramo	Grammo
Kilogramo	Chilogrammo
Kilómetro	Chilometro
Litro	Litro
Longitud	Lunghezza
Masa	Massa
Metro	Metro
Minuto	Minuto
Onza	Oncia
Peso	Peso
Profundidad	Profondità
Pulgada	Pollice
Tonelada	Tonnellata
Volumen	Volume

Meditación
Meditazione

Aceptación	Accettazione
Atención	Attenzione
Bondad	Gentilezza
Calma	Calma
Claridad	Chiarezza
Compasión	Compassione
Emociones	Emozioni
Gratitud	Gratitudine
Mental	Mentale
Mente	Mente
Movimiento	Movimento
Música	Musica
Naturaleza	Natura
Observación	Osservazione
Paz	Pace
Pensamientos	Pensieri
Perspectiva	Prospettiva
Postura	Postura
Respiración	Respirazione
Silencio	Silenzio

Mitología
Mitologia

Arquetipo	Archetipo
Celos	Gelosia
Cielo	Paradiso
Comportamiento	Comportamento
Creación	Creazione
Creencias	Credenze
Criatura	Creatura
Cultura	Cultura
Desastre	Disastro
Fuerza	Forza
Guerrero	Guerriero
Héroe	Eroe
Inmortalidad	Immortalità
Laberinto	Labirinto
Leyenda	Leggenda
Monstruo	Mostro
Mortal	Mortale
Rayo	Fulmine
Trueno	Tuono
Venganza	Vendetta

Mueble
Mobili

Alfombra	Tappeto
Almohada	Cuscino
Armario	Armoire
Banco	Panca
Cama	Letto
Cojines	Cuscini
Colchón	Materasso
Cortinas	Tende
Escritorio	Scrivania
Espejo	Specchio
Estantería	Libreria
Estantes	Scaffali
Futón	Futon
Hamaca	Amaca
Lámpara	Lampada
Silla	Sedia
Sillón	Poltrona
Sofá	Divano

Naturaleza
Natura

Abejas	Api
Animales	Animali
Ártico	Artico
Belleza	Bellezza
Bosque	Foresta
Desierto	Deserto
Dinámico	Dinamico
Erosión	Erosione
Follaje	Fogliame
Glaciar	Ghiacciaio
Montañas	Montagne
Niebla	Nebbia
Nubes	Nuvole
Refugio	Rifugio
Río	Fiume
Salvaje	Selvaggio
Santuario	Santuario
Sereno	Sereno
Tropical	Tropicale
Vital	Vitale

Nutrición
Nutrizione

Amargo	Amaro
Apetito	Appetito
Calidad	Qualità
Calorías	Calorie
Carbohidratos	Carboidrati
Cereales	Cereali
Comestible	Commestibile
Dieta	Dieta
Digestión	Digestione
Equilibrado	Bilanciato
Fermentación	Fermentazione
Nutriente	Nutriente
Peso	Peso
Proteínas	Proteine
Sabor	Gusto
Salsa	Salsa
Salud	Salute
Saludable	Sano
Toxina	Tossina
Vitamina	Vitamina

Números
Numeri

Catorce	Quattordici
Cero	Zero
Cinco	Cinque
Cuatro	Quattro
Decimal	Decimale
Diecinueve	Diciannove
Dieciocho	Diciotto
Dieciséis	Sedici
Diecisiete	Diciassette
Diez	Dieci
Doce	Dodici
Dos	Due
Nueve	Nove
Ocho	Otto
Quince	Quindici
Seis	Sei
Siete	Sette
Trece	Tredici
Tres	Tre
Veinte	Venti

Océano
Oceano

Alga	Alghe
Anguila	Anguilla
Arrecife	Scogliera
Atún	Tonno
Ballena	Balena
Barco	Barca
Camarón	Gamberetto
Cangrejo	Granchio
Coral	Corallo
Delfín	Delfino
Esponja	Spugna
Mareas	Maree
Medusa	Medusa
Ostra	Ostrica
Pescado	Pesce
Pulpo	Polpo
Sal	Sale
Tiburón	Squalo
Tormenta	Tempesta
Tortuga	Tartaruga

Paisajes
Paesaggi

Cascada	Cascata
Cueva	Grotta
Desierto	Deserto
Estuario	Estuario
Géiser	Geyser
Glaciar	Ghiacciaio
Iceberg	Iceberg
Isla	Isola
Lago	Lago
Laguna	Laguna
Mar	Mare
Montaña	Montagna
Oasis	Oasi
Pantano	Palude
Península	Penisola
Playa	Spiaggia
Río	Fiume
Tundra	Tundra
Valle	Valle
Volcán	Vulcano

Países #2
Paesi #2

Albania	Albania
Australia	Australia
Austria	Austria
Dinamarca	Danimarca
Etiopía	Etiopia
Francia	Francia
Grecia	Grecia
Indonesia	Indonesia
Irlanda	Irlanda
Jamaica	Giamaica
Japón	Giappone
Laos	Laos
México	Messico
Pakistán	Pakistan
Portugal	Portogallo
Rusia	Russia
Siria	Siria
Sudán	Sudan
Ucrania	Ucraina
Uganda	Uganda

Pájaros
Uccelli

Avestruz	Struzzo
Águila	Aquila
Canario	Canarino
Cigüeña	Cicogna
Cisne	Cigno
Cuco	Cuculo
Flamenco	Fenicottero
Ganso	Oca
Garza	Airone
Gaviota	Gabbiano
Gorrión	Passero
Halcón	Falco
Huevo	Uovo
Loro	Pappagallo
Paloma	Piccione
Pato	Anatra
Pelícano	Pellicano
Pingüino	Pinguino
Pollo	Pollo
Tucán	Tucano

Pesca
Pesca

Agua	Acqua
Aletas	Pinne
Barco	Barca
Branquias	Branchie
Cable	Filo
Cebo	Esca
Cesta	Cesto
Cocinar	Cucinare
Equipo	Attrezzatura
Exageración	Esagerazione
Gancho	Gancio
Lago	Lago
Mandíbula	Mascella
Océano	Oceano
Paciencia	Pazienza
Peso	Peso
Playa	Spiaggia
Río	Fiume
Temporada	Stagione

Piratas
Pirati

Ancla	Ancora
Aventura	Avventura
Bandera	Bandiera
Brújula	Bussola
Capitán	Capitano
Cicatriz	Cicatrice
Cueva	Grotta
Espada	Spada
Isla	Isola
Leyenda	Leggenda
Loro	Pappagallo
Malo	Cattivo
Mapa	Mappa
Monedas	Monete
Oro	Oro
Peligro	Pericolo
Playa	Spiaggia
Ron	Rum
Tesoro	Tesoro
Tripulación	Equipaggio

Plantas
Piante

Arbusto	Cespuglio
Árbol	Albero
Bambú	Bambù
Baya	Bacca
Bosque	Foresta
Botánica	Botanica
Cactus	Cactus
Fertilizante	Fertilizzante
Flor	Fiore
Flora	Flora
Follaje	Fogliame
Frijol	Fagiolo
Hiedra	Edera
Hierba	Erba
Hoja	Foglia
Jardín	Giardino
Musgo	Muschio
Pétalo	Petalo
Raíz	Radice
Vegetación	Vegetazione

Playa
Spiaggia

Arena	Sabbia
Arrecife	Scogliera
Azul	Blu
Barco	Barca
Cangrejo	Granchio
Costa	Costa
Isla	Isola
Laguna	Laguna
Mar	Mare
Nadar	Nuotare
Océano	Oceano
Paraguas	Ombrello
Sandalias	Sandali
Sol	Sole
Toalla	Asciugamano
Vacaciones	Vacanza
Velero	Barca a Vela

Profesiones #1
Professioni #1

Abogado	Avvocato
Astrónomo	Astronomo
Atleta	Atleta
Bailarín	Ballerino
Banquero	Banchiere
Bombero	Pompiere
Cartógrafo	Cartografo
Cazador	Cacciatore
Doctor	Medico
Editor	Editore
Embajador	Ambasciatore
Enfermera	Infermiera
Entrenador	Allenatore
Fontanero	Idraulico
Geólogo	Geologo
Joyero	Gioielliere
Músico	Musicista
Pianista	Pianista
Psicólogo	Psicologo
Veterinario	Veterinario

Profesiones #2
Professioni #2

Astronauta	Astronauta
Bibliotecario	Bibliotecario
Biólogo	Biologo
Cirujano	Chirurgo
Dentista	Dentista
Detective	Detective
Filósofo	Filosofo
Fotógrafo	Fotografo
Ilustrador	Illustratore
Ingeniero	Ingegnere
Inventor	Inventore
Investigador	Ricercatore
Jardinero	Giardiniere
Lingüista	Linguista
Médico	Medico
Periodista	Giornalista
Piloto	Pilota
Pintor	Pittore
Profesor	Insegnante
Zoólogo	Zoologo

Rellenar
Riempire

Bandeja	Vassoio
Bañera	Vasca
Barril	Barile
Bolsa	Borsa
Bolsillo	Tasca
Botella	Bottiglia
Caja	Scatola
Cajón	Cassetto
Carpeta	Cartella
Cartón	Cartone
Cesta	Cesto
Cubo	Secchio
Cuenca	Bacino
Jarrón	Vaso
Maleta	Valigia
Paquete	Pacchetto
Sobre	Busta
Tubo	Tubo

Restaurante #1
Ristorante #1

Alergia	Allergia
Café	Caffè
Cajero	Cassiere
Camarera	Cameriera
Carne	Carne
Cocina	Cucina
Comer	Mangiare
Comida	Cibo
Cuchillo	Coltello
Ingredientes	Ingredienti
Menú	Menù
Pan	Pane
Picante	Piccante
Plato	Piatto
Pollo	Pollo
Postre	Dessert
Reserva	Prenotazione
Salsa	Salsa
Servilleta	Tovagliolo
Tazón	Ciotola

Restaurante #2
Ristorante #2

Agua	Acqua
Almuerzo	Pranzo
Aperitivo	Aperitivo
Bebida	Bevanda
Camarero	Cameriere
Cena	Cena
Cuchara	Cucchiaio
Delicioso	Delizioso
Ensalada	Insalata
Especias	Spezie
Fruta	Frutta
Hielo	Ghiaccio
Huevos	Uova
Pastel	Torta
Pescado	Pesce
Sal	Sale
Silla	Sedia
Sopa	Minestra
Tenedor	Forchetta
Verduras	Verdure

Ropa
Vestiti

Abrigo	Cappotto
Blusa	Camicetta
Bufanda	Sciarpa
Camisa	Camicia
Chaqueta	Giacca
Cinturón	Cintura
Collar	Collana
Delantal	Grembiule
Falda	Gonna
Guantes	Guanti
Joyas	Gioiello
Moda	Moda
Pantalones	Pantaloni
Pijama	Pigiama
Pulsera	Braccialetto
Sandalias	Sandali
Sombrero	Cappello
Suéter	Maglione
Vestido	Abito
Zapato	Scarpa

Selva Tropical
Foresta Pluviale

Anfibios	Anfibi
Botánico	Botanico
Clima	Clima
Comunidad	Comunità
Diversidad	Diversità
Especie	Specie
Indígena	Indigeno
Insectos	Insetti
Mamíferos	Mammiferi
Musgo	Muschio
Naturaleza	Natura
Nubes	Nuvole
Pájaros	Uccelli
Preservación	Preservazione
Refugio	Rifugio
Respeto	Rispetto
Restauración	Restauro
Selva	Giungla
Supervivencia	Sopravvivenza
Valioso	Prezioso

Senderismo
Escursionismo

Acantilado	Scogliera
Agua	Acqua
Animales	Animali
Botas	Stivali
Camping	Campeggio
Cansado	Stanco
Clima	Clima
Cumbre	Vertice
Guías	Guide
Mapa	Mappa
Montaña	Montagna
Mosquitos	Zanzare
Naturaleza	Natura
Orientación	Orientamento
Parques	Parchi
Pesado	Pesante
Piedras	Pietre
Preparación	Preparazione
Salvaje	Selvaggio
Sol	Sole

Suministros de Arte
Forniture Artistiche

Aceite	Olio
Acrílico	Acrilico
Acuarelas	Acquerelli
Agua	Acqua
Arcilla	Argilla
Borrador	Gomma
Caballete	Cavalletto
Cámara	Telecamera
Cepillos	Spazzole
Colores	Colori
Creatividad	Creatività
Ideas	Idee
Lápices	Matite
Mesa	Tavolo
Papel	Carta
Pasteles	Pastelli
Pegamento	Colla
Pinturas	Vernici
Silla	Sedia
Tinta	Inchiostro

Surf
Surf

Arrecife	Scogliera
Atleta	Atleta
Campeón	Campione
Clima	Meteo
Diversión	Divertimento
Espuma	Schiuma
Estilo	Stile
Estómago	Stomaco
Extremo	Estremo
Fuerza	Forza
Multitudes	Folla
Nadar	Nuotare
Océano	Oceano
Ola	Onda
Playa	Spiaggia
Popular	Popolare
Principiante	Principiante
Remo	Pagaia
Rociar	Spray
Velocidad	Velocità

Tecnología
Tecnologia

Archivo	File
Blog	Blog
Bytes	Byte
Cámara	Telecamera
Cursor	Cursore
Datos	Dati
Digital	Digitale
Estadísticas	Statistiche
Fuente	Font
Internet	Internet
Investigación	Ricerca
Mensaje	Messaggio
Navegador	Browser
Ordenador	Computer
Pantalla	Schermo
Seguridad	Sicurezza
Software	Software
Virtual	Virtuale
Virus	Virus

Tiempo
Tempo

Antes	Prima
Anual	Annuale
Año	Anno
Ayer	Ieri
Calendario	Calendario
Década	Decennio
Día	Giorno
Futuro	Futuro
Hora	Ora
Hoy	Oggi
Mañana	Mattina
Mediodía	Mezzogiorno
Mes	Mese
Minuto	Minuto
Momento	Momento
Noche	Notte
Pasado	Passato
Reloj	Orologio
Semana	Settimana
Siglo	Secolo

Tipos de Cabello
Tipi di Capelli

Blanco	Bianco
Brillante	Lucido
Calvo	Calvo
Corto	Breve
Delgada	Sottile
Gris	Grigio
Grueso	Spessore
Largo	Lungo
Marrón	Marrone
Negro	Nero
Ondulado	Ondulato
Plata	Argento
Rizado	Riccio
Rizos	Riccioli
Rubio	Biondo
Saludable	Sano
Seco	Asciutto
Suave	Morbido
Trenzado	Intrecciato
Trenzas	Trecce

Vacaciones #1
Vacanza #1

Aduana	Dogana
Avión	Aereo
Billete	Biglietto
Coche	Auto
Expedición	Spedizione
Ir	Andare
Itinerario	Itinerario
Lago	Lago
Maleta	Valigia
Mochila	Zaino
Moneda	Valuta
Museo	Museo
Nadar	Nuotare
Paraguas	Ombrello
Relajación	Rilassamento
Salida	Partenza
Tranvía	Tram
Turista	Turismo

Vacaciones #2
Vacanze #2

Aeropuerto	Aeroporto
Carpa	Tenda
Destino	Destinazione
Extranjero	Straniero
Fotos	Foto
Hotel	Hotel
Isla	Isola
Mapa	Mappa
Mar	Mare
Ocio	Tempo Libero
Pasaporte	Passaporto
Playa	Spiaggia
Reservas	Prenotazioni
Restaurante	Ristorante
Taxi	Taxi
Transporte	Trasporto
Tren	Treno
Vacaciones	Vacanza
Viaje	Viaggio
Visa	Visto

Vehículos
Veicoli

Ambulancia	Ambulanza
Autobús	Autobus
Avión	Aereo
Balsa	Zattera
Barco	Barca
Bicicleta	Bicicletta
Camión	Camion
Caravana	Caravan
Coche	Auto
Cohete	Razzo
Ferry	Traghetto
Helicóptero	Elicottero
Lanzadera	Navetta
Metro	Metropolitana
Motor	Motore
Neumáticos	Pneumatici
Submarino	Sottomarino
Taxi	Taxi
Tractor	Trattore
Tren	Treno

Verano
Estate

Alegría	Gioia
Amigos	Amici
Buceo	Immersione
Comida	Cibo
Estrellas	Stelle
Familia	Famiglia
Hogar	Casa
Jardín	Giardino
Juegos	Giochi
Libros	Libri
Mar	Mare
Música	Musica
Nadar	Nuotare
Ocio	Tempo Libero
Playa	Spiaggia
Recuerdos	Ricordi
Relajación	Rilassamento
Sandalias	Sandali
Vacaciones	Vacanza
Viaje	Viaggio

Verduras
Verdure

Ajo	Aglio
Alcachofa	Carciofo
Apio	Sedano
Berenjena	Melanzana
Brócoli	Broccolo
Calabaza	Zucca
Cebolla	Cipolla
Ensalada	Insalata
Espinacas	Spinaci
Guisante	Pisello
Jengibre	Zenzero
Nabo	Rapa
Oliva	Oliva
Patata	Patata
Pepino	Cetriolo
Perejil	Prezzemolo
Rábano	Ravanello
Seta	Fungo
Tomate	Pomodoro
Zanahoria	Carota

Virtudes #1
Virtù #1

Apasionado	Appassionato
Artístico	Artistico
Bien	Buono
Curioso	Curioso
Decisivo	Decisivo
Eficiente	Efficiente
Encantador	Affascinante
Fiable	Affidabile
Generoso	Generoso
Gracioso	Divertente
Independiente	Indipendente
Inteligente	Intelligente
Limpio	Pulito
Modesto	Modesto
Paciente	Paziente
Práctico	Pratico
Sabio	Saggio
Útil	Utile

Enhorabuena

Lo has conseguido!

Esperamos que hayas disfrutado de este libro tanto como nosotros al diseñarlo. Nos esforzamos por crear libros de la máxima calidad posible.
Esta edición está diseñada para proporcionar un aprendizaje inteligente, de calidad y divertido!

¿Te ha gustado este libro?

Una Petición Sencilla

Estos libros existen gracias a las reseñas que se publican.
¿Podrías ayudarnos dejando una reseña ahora?
Aquí tienes un breve enlace a la página de reseñas

BestBooksActivity.com/Opiniones50

¡DESAFÍO FINAL!

Reto n°1

¿Estás listo para tu juego gratis? Los utilizamos siempre, pero no son tan fáciles de encontrar. ¡Aquí están los **Sinónimos!**
Escribe 5 palabras que hayas encontrado en los rompecabezas (#21, #36, #76) y trata de encontrar 2 sinónimos para cada palabra.

Escriba 5 palabras del *Puzzle 21*

Palabras	Sinónimo 1	Sinónimo 2

Escriba 5 palabras del *Puzzle 36*

Palabras	Sinónimo 1	Sinónimo 2

Escriba 5 palabras del *Puzzle 76*

Palabras	Sinónimo 1	Sinónimo 2

Reto n°2

Ahora que te has calentado, escribe 5 palabras que hayas encontrado en los Puzzles 9, 17 y 25 e intenta encontrar 2 antónimos para cada palabra. ¿Cuántos puedes encontrar en 20 minutos?

Escriba 5 palabras del **Puzzle 9**

Palabras	Antónimo 1	Antónimo 2

Escriba 5 palabras del **Puzzle 17**

Palabras	Antónimo 1	Antónimo 2

Escriba 5 palabras del **Puzzle 25**

Palabras	Antónimo 1	Antónimo 2

Reto n°3

¡Genial! Este desafío final no es nada para ti.

¿Preparado para el reto final? Elige 10 palabras que hayas descubierto en los diferentes rompecabezas y escríbelas a continuación.

1.	6.
2.	7.
3.	8.
4.	9.
5.	10.

Ahora escribe un texto pensando en una persona, un animal o un lugar que te guste.

Puedes usar la última página de este libro como borrador.

Tu Composición:

CUADERNO DE NOTAS :

HASTA PRONTO !

Todo el Equipo

DESCUBRA JUEGOS GRATIS

GO

↓